AF328964

L'ATTITUDE SOCIALE

DES

CATHOLIQUES FRANÇAIS AU XIXᵉ SIÈCLE

DU MÊME AUTEUR

La Propriété dans une Démocratie chrétienne. Lille, 1896. (*Épuisé*).

Le Travail dans une Démocratie chrétienne. Lille, 1897. (*Épuisé*).

L'Éducation chrétienne de la Démocratie. Paris, Bloud, 1899 (Collection *Science et Religion*), 4ᵉ édition.

Saint Paul et la Cité Chrétienne. Un volume in-12 de 327 pages, précédé d'une Lettre de Monseigneur DIZIEN, évêque d'Amiens. Paris, Bloud, 1902, 2ᵉ édition.

Der Heilige Paulus und der Christliche Staat, Autorisierte Deutsche ausgabe von Emil Prinz zu OETTINGEN-SPIEL-BERG. Ravensburg, Verlag von Friedrich Alber. (Traduction allemande de l'ouvrage précédent).

Balzac : Ses idées sociales. Un volume in-8 de 116 pages ; Reims, *Action populaire*, et Paris, Lecoffre, 1906.

EN PRÉPARATION :

Les Tendances sociales des Catholiques libéraux.

ÉTUDES DE MORALE ET DE SOCIOLOGIE

Abbé Charles CALIPPE

L'Attitude Sociale

des

Catholiques français au XIX° siècle

LES PREMIERS ESSAIS DE SYNTHÈSE.

Lettre du Comte Albert DE MUN
DE L'ACADÉMIE FRANÇAISE

J. de Maistre. — De Bonald.
Châteaubriand. — A. de Tocqueville.
Ballanche. — Buchez.
Bordas-Desmoulins. — François Huet.
Lamennais.

PARIS

BLOUD & Cie, ÉDITEURS

7, Place Saint-Sulpice, 7

1911

LETTRE

DE

M. LE COMTE ALBERT DE MUN

Paris, le 28 mai 1910.

Cher Monsieur l'Abbé,

J'ai lu votre livre avec la plus vive satisfaction. L'idée générale qui s'en dégage répond trop entièrement à celles dont s'est inspirée toute ma vie publique, pour que je n'en aie pas hautement apprécié l'intérêt et l'opportunité.

Lorsqu'il y a quarante ans, je fus, pour la première fois, saisi par l'irrésistible attrait de l'apostolat social, je n'aperçus d'abord dans la route où j'entrais, que la trace glorieuse laissée, depuis Ozanam, par les fondateurs d'œuvres populaires.

Mais bientôt, je sentis impérieusement, comme tous mes compagnons de travail, la nécessité d'appuyer cet effort pratique sur un corps de doctrines solidement construit, sous peine de demeurer dans l'impuissance ou de verser dans l'erreur, dès qu'il faudrait prendre parti au milieu des conflits soulevés, dans la société contemporaine, par l'âpre rencontre de la richesse et de la pauvreté.

Vous savez quelle part décisive eut, sous l'impulsion de René de La Tour du Pin, l'œuvre des Cercles catholiques d'ouvriers, dans l'élaboration de ce corps de doctrines sociales.

Nous apportions, dans ces études, une simple et entière confiance en l'Église catholique, ne doutant pas que son enseignement traditionnel ne fût la source inépuisable de toute vérité.

En face des problèmes ardus et complexes, posés devant la conscience chrétienne par l'antagonisme des classes, au milieu de la confusion des systèmes enfantés par l'orgueil humain, nous voulions humblement chercher, dans la philosophie de l'Évangile, dans les leçons des Docteurs, dans la parole des Papes et les décrets des Comités, le secret des justes conceptions sociales.

Saint Anselme, abordant les questions les plus redoutables de la métaphysique, avec les lumières de la foi, résumait son immense effort par cette parole célèbre, inscrite en tête de son œuvre : « Fides quærens intellectum ». Nous voulions appliquer à nos travaux la belle devise de l'illustre moine du Bec. La base de nos études, et leur inspiration constante, c'était la foi, la foi entière, sans réserve et sans atténuation, la foi qui cherche, qui cherche avec patience et bonne volonté, la foi qui cherche la direction de l'intelligence : Fides quærens intellectum.

Ainsi, peu à peu, la doctrine sociale chrétienne se révélait à nos esprits et à nos cœurs. Bien loin d'être des novateurs, comme on nous en a tant accusé, nous étions les disciples de la tradition catholique. Mais nous lui demandions, il est vrai, la préparation de l'avenir.

Un des écrivains qui ont le mieux étudié le mouvement auquel nous avons ainsi participé, M. Monicat, a comparé notre effort à celui des abeilles, en citant un mot de Michelet : « L'abeille prépare d'avance la nourriture à la larve près d'éclore : faisons de même, préparons la substance du monde qui va naître, et déposons-la à côté de son berceau ».

Telle est bien l'espérance qui nous inspire et nous soutient depuis tant d'années. Nous avons conscience des grandes transformations qui, lentement, s'accomplissent dans les idées, dans les mœurs, dans les conditions de la vie sociale et économique. Notre ambition est de préparer l'avenir qui s'avance, en travaillant à reconstruire les éléments essentiels de toute société, désorganisés par la Révolution, la Religion, la famille, la profession.

Ainsi nous apportons notre concours à l'action profonde, exercée par le christianisme dans les âmes depuis plus d'un siècle, souvent à l'insu de ceux qui en furent les instruments. Cette action s'est manifestée, ainsi que vous le dites, sous les formes les plus diverses et dans les esprits les plus opposés, à travers « les tâtonnements, les obscurités et les erreurs », depuis le jour, où, sur les ruines de l'ancienne société, a commencé le laborieux enfantement de la société nouvelle.

C'est ce mouvement ininterrompu qui apparaît dans votre livre, avec toute son intensité, et dont, pour la plus grande satisfaction de vos lecteurs, vous leur promettez de suivre les développements dans ceux qui vont suivre.

Vous rendez ainsi aux idées sociales, que nous nous efforçons de propager, un inappréciable service, dont je suis, pour ma part, très heureux de vous remercier, en me disant votre cordialement dévoué.

A. DE MUN

de l'Académie française.

INTRODUCTION

LES APPELS AUX CATHOLIQUES

Pour mesurer la puissance de pénétration des doctrines sociales-chrétiennes, il faudrait analyser par le menu toutes les idées, toutes les lois, tous les projets de réforme, toutes les initiatives qui en sont issus. Cette histoire, Dieu merci, serait longue, instructive, consolante ; et les détails piquants n'y manqueraient pas : on y verrait nombre de ceux qui reprochent parfois aux catholiques, en termes très amers, leurs idées « réactionnaires » leur emprunter des propositions qui, revêtues d'une estampille plus laïque, n'ont aucune peine à passer pour « avancées. »

Nous voudrions seulement essayer de montrer ici, textes en mains, à quels besoins profonds de l'âme française répond l'activité sociale des catholiques. D'un bout à l'autre du xix° siècle, et dans les milieux les plus divers, on sollicite leur intervention avec une évidente sympathie. Cette sympathie ne s'exprime pas toujours, à vrai dire, en termes parfaitement mesurés, et l'orthodoxie n'en est pas irréprochable. Elle prend même parfois la forme de regrets et de reproches que l'on peut trouver acerbes et injustes. Mais il n'est pas difficile de lire à travers ces lignes — d'autant plus significatives peut-être qu'elles émanent d'écrivains moins catholiques, — l'aveu peu dissimulé, tantôt d'une crainte et tantôt d'une espérance.

I

On sait avec quelle ferveur les premiers socialistes se réclamaient du Christ et de l'Evangile. Saint-Simon rêvait d'un *Nouveau Christianisme*. Enfantin méditait sur la *Vie éternelle*, et il en prenait occasion pour commenter à sa façon les paroles et l'œuvre de Jésus. De son côté, Pierre Leroux traduisait *Job* et publiait « *le véritable livre d'Isaïe* » ; il citait et discutait à chaque instant des textes de saint

Paul et de saint Jean. Il avait du reste ses raisons : « Jean-Baptiste, déclarait-il, a été le prophète précurseur de Jésus, j'en suis le prophète *post-curseur*, annoncé par lui et complétant son œuvre dans la réhabilitation des hommes, *pour la partie industrielle seulement*[1]. » Et il ne faut pas se lasser d'admirer la touchante modestie de ce dernier adverbe ! Pierre Leroux n'a été dépassé sur ce point que par Proudhon commentant de la première ligne à la dernière les quatre évangiles. « Ce que le christianisme a volé d'idées à Pierre Leroux est incroyable ! » écrivait plaisamment, naguère, un critique[2]. Il n'est presque aucun des socialistes de la première heure, auquel on ne puisse appliquer cette boutade.

Toutefois, si ces hardis novateurs s'inspiraient à l'envi de l'Evangile, ce n'était pas du tout pour faire compliment à l'Eglise de sa fidélité à le suivre. Il s'en faut bien ! Et, lorsque Saint-Simon écrivait son *Nouveau christianisme*, et Cabet son *Vrai christianisme selon Jésus-Christ*, ou lorsque Pierre Leroux parlait du christianisme et de son origine dé-

---

1. Cité par FOURNIÈRE, *Les Théories socialistes au xix° siècle*, (1904), p. 7.

2. E. FAGUET, cité par P. F. Thomas. *Pierre Leroux, sa vie, son œuvre, sa doctrine*, (1904), p. 208.

mocratique ou bien étudiait le *Vrai sens de l'Evangile*, ils avaient assez l'assurance (et Proudhon et le deuxième Lamennais et tous les autres l'avaient avec eux) d'être incomparablement plus chrétiens que les catholiques eux-mêmes. Toute cette exégèse, en somme, n'avait qu'un but: montrer dans le catholicisme une sorte de corruption de l'Evangile : et reprendre contre l'Eglise — comme l'avait tenté la Réforme à un point de vue plus exclusivement religieux — l'œuvre sociale de Jésus et du christianisme.

Cette œuvre — qu'ils concevaient d'ailleurs, est-il besoin de le redire, d'une façon fort incorrecte — il arriva à plusieurs d'entre eux de regretter que l'Eglise ne l'entreprît pas elle-même. Et, à maintes reprises, on les entendit réclamer plus ou moins directement, en faveur des classes ouvrières, l'appui du Pape, des évêques, du clergé, des catholiques.

Le premier fut Saint-Simon.

Saint-Simon part de ce principe que les hommes doivent se conduire en frères à l'égard les uns des autres. Il en conclut que « la religion doit diriger la société vers le grand but de l'amélioration la plus rapide possible du sort de la classe la plus pauvre ». Il juge de ce point de vue les principales communions chrétiennes. Et, à propos du protestantisme, et pour en faire ressortir les insuffisances, il met sur les lèvres de Luther un discours que le promoteur de la Réforme aurait dû, selon lui, adresser, s'il avait pu faire une œuvre complète, aux cardinaux et au Pape. C'est sous cette forme bizarre que se présente cet appel indirect de Saint-Simon à l'action sociale du clergé catholique :

« Si la réforme de Luther avait pu être complète, Luther aurait produit, aurait proclamé la doctrine suivante ; il aurait dit au Pape et aux cardinaux :

« Vos devanciers ont suffisamment perfectionné la théorie du christianisme ; ils ont suffisamment propagé cette théorie ; les Européens en sont suffisamment imbus : c'est maintenant de l'application générale de cette doctrine qu'il faut vous occuper. Le véritable christianisme doit rendre les hommes heureux, non seulement dans le ciel, mais sur la terre...

« Il ne faut plus vous borner à prêcher aux fidèles de toutes les classes que les pauvres sont les enfants chéris de Dieu ; il faut que vous usiez franchement et énergiquement de tous les pouvoirs et de tous les moyens acquis par l'Eglise militante pour améliorer promptement l'existence morale et physique de la classe la plus nombreuse. Les travaux préliminaires et préparatoires du christianisme sont terminés ; vous avez à remplir une

tâche bien plus satisfaisante que celle qu'ont accomplie vos prédécesseurs. Cette tâche consiste à
établir le christianisme général et définitif ; elle
consiste à organiser toute l'espèce humaine d'a-
près le principe fondamental de la morale divine.

« Pour remplir cette tâche, vous devez donner
ce principe pour base et pour but à toutes les institutions sociales.

« Les apôtres ont dû reconnaître le pouvoir de
César ; ils ont dû dire : Rendez à César ce qui est
à César, parce que, ne pouvant point disposer
d'une force suffisante pour lutter avec lui, ils ont
dû éviter de s'en faire un ennemi.

« Mais aujourd'hui la position respective du pouvoir spirituel et du pouvoir temporel étant totalement changée, grâce aux travaux de l'Eglise militante, vous devez déclarer aux successeurs de César que le christianisme ne reconnaît plus le droit
de commander aux hommes, droit fondé sur la
conquête, c'est-à-dire sur le droit du plus fort.

« Vous devez déclarer à tous les rois que le seul
moyen de rendre la royauté légitime consiste à la
considérer comme une institution dont l'objet est
d'empêcher les riches et les puissants d'oppri-
mer les pauvres ; vous devez leur déclarer qu'ils
ont pour devoir unique d'améliorer l'existence
morale et physique de la classe la plus nombreuse,
et que toute dépense ordonnée par eux dans l'administration de la fortune publique, si elle n'est
pas strictement nécessaire, est de leur part un
crime qui les constitue les ennemis de Dieu.

« Vous possédez toutes les forces nécessaires
pour contraindre le pouvoir temporel à admettre

cette application du christianisme ; car votre suprématie est reconnue par toutes les puissances, et vous pouvez disposer du clergé répandu sur toute la surface de l'Europe. Or, le clergé exercera toujours une influence prépondérante sur les institutions temporelles de tous les peuples, quand il travaillera d'une manière positive à améliorer l'existence de la classe pauvre, qui est partout la plus nombreuse [1]. »

Saint-Simon n'était pas assez catholique pour se rendre compte du vrai sens et des conditions de l'action qu'il préconisait ; et plusieurs des propositions qu'il émet sont d'une orthodoxie plus que douteuse. Retenons seulement qu'il a pressenti le puissant renouveau de jeunesse et de vie que l'Eglise puiserait dans cette intervention.

Enfantin, sur ce point, resta fidèle à son maître. Et ses déclarations n'ont rien perdu de leur intérêt :

« De ce que les nations et les royautés se meurent, tandis que l'Eglise est immortelle, écrivait-t-il, vous n'en concluez pas, certes, que l'Eglise soit là seulement pour regarder passer les mourants et leur donner sa bénédiction. Est-ce que les naissances ne sont plus de son ressort ? Est-ce qu'elle

<hr>

1. SAINT-SIMON, *Nouveau christianisme* : Dialogues entre un conservateur et un novateur, 1er Dialogue, (1825), p. 44-47.

ne veut plus donner le baptême ? Est-ce que ce n'est pas elle qui doit dire, avant tous, plus haut que tous : Ceci est bien, ceci est mal ?...

Oui, l'œuvre temporelle de nos jours, celle qui mettra fin aux révolutions qui bouleversent les Empires, c'est l'organisation du travail. L'Eglise n'y peut rester étrangère. Figurez-vous donc que l'Eglise prêche l'association comme elle a prêché l'affranchissement ; qu'elle fasse un mérite aux barons industriels comme elle en a fait un aux barons féodaux ; qu'elle leur offre le rachat de leur âme pour leurs millions consacrés à cette œuvre ; peut-être ne les convertira-t-elle pas tous, mais certes il s'élèvera du sein de nos fabriques, du fond de nos mines, de la boue de nos villes, des chaumières de nos paysans, un concert de bénédictions pour la bonne mère de l'ouvrier, du salarié, du prolétaire, de l'esclave du siècle [1]. »

Complétons ces témoignages, déjà bien significatifs, par ces quelques lignes de Cabet :

« Si le christianisme avait été interprété et appliqué dans l'esprit de Jésus-Christ ; s'il était bien connu et fidèlement pratiqué par la nombreuse portion des chrétiens qui sont animés d'une piété sincère et qui n'ont besoin que de bien connaître la vérité pour la suivre ; ce christianisme, sa morale, sa philosophie, ses préceptes, auraient suffi et suf-

---

1. Nous empruntons ces citations d'Enfantin à l'intéressant ouvrage de M. FIDAO, *Le Droit des humbles*, (1904), p. 146-147.

firaient encore pour établir une organisation sociale parfaite, pour délivrer l'humanité du mal qui l'accable, et pour assurer le bonheur du genre humain sur la terre : il n'y aurait personne qui pût refuser de se dire chrétien [1]. »

II

Un historien de la Révolution française, Louis Blanc, retrouvait de son côté, au cours de ses recherches, des précédents qui légitimaient ces espérances. Rien n'est suggestif comme la page où il énumère les services rendus par l'Eglise aux corporations du moyen âge. En la relisant, nous comprendrons mieux ce qu'attendaient de l'Eglise catholique un Saint-Simon, un Enfantin et un Cabet :

« La devise des six corps de marchands de la ville de Paris avait pour âme ces mots : *Vincit concordia fratrum.*

La fraternité fut donc le sentiment qui présida, dans l'origine, à la formation des communautés de marchands et d'artisans, régulièrement constituées sous saint Louis. Car, dans ce moyen âge qu'animait le souffle du christianisme, mœurs, coutumes, institutions, tout s'était coloré de la même teinte;

1. *Le vrai christianisme selon Jésus-Christ.* Préface. (1850).

et parmi tant de pratiques bizarres et naïves, beaucoup avaient une signification profonde.

« Lorsque, rassemblant les plus anciens de chaque métier, Etienne Boileau fit écrire sur un registre les vieux usages des corporations, le style même se ressentit de l'influence dominante de l'esprit chrétien. Souvent, la compassion pour le pauvre, la sollicitude pour les déshérités de ce monde se font jour à travers la concise rédaction des réglements de l'antique jurande. « Quand les maîtres et jurés boulangers, y est-il dit, iront par la ville accompagnés d'un sergent du Châtelet, ils s'arrêteront aux fenêtres où est exposé le pain à vendre, et si le pain n'est pas *suffisant*, la fournée pourra être enlevée par le maître. » Mais le pauvre n'est point oublié, et les pains qu'on trouve trop petits, on les distribue au nom de Dieu ; *ceux que l'on trovera petits, li juré feront doner por Dieu la paix.*

« Et si, en pénétrant au sein des jurandes, on y reconnaît l'empreinte du christianisme, ce n'est pas seulement parce qu'on les voit, dans les cérémonies publiques, promener solennellement leurs dévotes bannières et marcher sous l'invocation des saints du Paradis ; ces formes religieuses cachaient les sentiments que fait naître l'unité des croyances. Une passion qui n'est plus aujourd'hui ni dans les mœurs ni dans les choses publiques rapprochait alors les conditions et les hommes : la charité. L'Eglise était le centre de tout. Autour d'elle, à son ombre, s'essayait l'enfance des industries. Elle marquait l'heure du travail, elle donnait le signal du repos. Quand la cloche de Saint-Méry avait sonné l'*Angelus*, les métiers cessaient de battre, l'ouvrage restait suspendu, et la cité, de bonne heure endormie, attendait le lendemain que le timbre de l'abbaye prochaine annonçât le commencement des travaux du jour.

« ... Protéger les faibles était une des préoccupations les plus chères au législateur chrétien. Il recommande la probité aux mesureurs ; il défend aux taverniers de jamais hausser le prix du gros vin, commune boisson du menu peuple ; il veut que les denrées se montrent en plein marché, qu'elles soient bonnes et *loyales* ; et afin que le pauvre puisse avoir sa part, au meilleur prix, les marchands n'auront qu'après tous les autres habitants de la cité, la permission d'acheter des vivres.

« Ainsi, l'esprit de charité avait pénétré au fond de cette société naïve qui voyait saint Louis venir s'asseoir à côté d'Étienne Boileau, quand le prévôt des marchands rendait la justice. Sans doute, on ne connaissait point alors cette fébrile ardeur du gain qui enfante quelquefois des prodiges, et l'industrie n'avait point cet éclat, cette puissance qui aujourd'hui éblouissent, mais du moins la vie du travailleur n'était pas troublée par d'amères jalousies, par le besoin de haïr son semblable, par l'impitoyable désir de le ruiner en le dépassant. Quelle union touchante, au contraire, entre les artisans d'une même industrie ! Loin de se fuir, ils se rapprochaient l'un de l'autre pour se donner des encouragements réciproques et se rendre de mutuels services » [1].

1. Louis BLANC, *Histoire de la Révolution française*, t. I⁰ʳ, p. 478-481. (1847.)

III

Mais cette histoire que Louis Blanc rappelle avec amour, c'est le passé. Ce passé redeviendra-t-il jamais le présent ? Saint-Simoniens et révolutionnaires ne furent pas seuls à se poser la question.

Vers 1837, le principal disciple de J.-B. Say, Ad. Blanqui, se le demandait avec anxiété dans son *Histoire de l'Economie politique.* Après avoir énuméré les « changements survenus dans l'économie sociale de l'Europe par l'influence du christianisme », il ne peut se défendre de jeter autour de lui un regard dont il ne dissimule aucunement la tristesse :

« Quand on remet dans son esprit les souvenirs glorieux des premiers temps du christianisme et les détails majestueux de cette organisation si simple et si savante, on ne peut se défendre d'un profond sentiment de mélancolie en voyant aujourd'hui cette religion menacée d'une sérieuse décadence. Sans doute l'édifice, quoique miné de toutes parts, se tient encore debout et projette toujours sur le présent la grande ombre du passé : les offices se célèbrent, les temples sont ouverts, la hiérarchie est la même : mais quelle altération dans la ferveur des croyances ! »

D'où vient cet affaiblissement de la foi ? De ce que, répond Blanqui, « la religion n'a plus de ministres à la hauteur de ses besoins et des nôtres » ; et il continue :

« Et cependant, malgré nos essais nombreux de régénération politique, aucune constitution humaine n'est encore pareille à la sienne, aucun pouvoir central n'est en mesure de se faire obéir comme elle ; le malheur est qu'on ne sache pas dignement commander en son nom. Il y a des questions d'économie politique qui demeureront insolubles tant qu'elle n'y mettra pas la main. L'instruction populaire, la répartition équitable des produits du travail, la réforme des prisons, les progrès de l'agriculture et bien d'autres problèmes ne recevront de solution complète que par son intervention, et c'est justice ; elle seule peut, en effet, bien résoudre les questions qu'elle a bien posées...

Ah ! si le prêtre savait aujourd'hui de quelle admirable métamorphose il pourrait être l'instrument et quelle prodigieuse influence il dépendrait de lui d'exercer sur les destinées humaines ! »

Sans doute, Blanqui, — et c'est là son erreur, — ne conçoit pas d'une façon correcte cette action sociale du prêtre ; il la soumet même à des conditions inacceptables : il estime, par exemple, que le clergé parlerait plus utilement des besoins de ce monde que

des terreurs ou des espérances de l'autre. Mais
ce qu'il importe de retenir, c'est le désir qu'il
a exprimé de voir le prêtre marcher « à la
tête de l'humanité » et non pas « se traîner »
à sa suite [1].

IV

Il ne serait pas difficile de retrouver un état
d'esprit analogue dans l'œuvre d'un philosophe
d'ailleurs très hostile aux vérités les plus fondamentales du christianisme.

Dès sa jeunesse, Auguste Comte avait repris,
en les renforçant et en les développant, les
arguments que Joseph de Maistre, Bonald et le
premier Lamennais avaient si vigoureusement
dirigés contre les principes révolutionnaires,
dont l'individualisme constitue pour ainsi dire
l'essence. Il avait montré, à sa manière, que
ce n'était là qu'une doctrine de combat, de
négation, bien faite pour démolir et dissocier,
mais absolument impuissante à réparer les
ruines qu'elle causait. Comte avait d'abord essayé de faire partager aux révolutionnaires
eux-mêmes ses convictions. Et il avait cru

1. Ad. BLANQUI, *Histoire de l'Économie politique en Europe*,
(1837); t. Ier, ch. IX, p. 102-3.

réussir. Mais, dans la suite, quelques expériences malheureuses le découragèrent. Il reconnut hautement que les catholiques, par cela seul qu'ils « aspirent à construire », se montrent « plus conformes au vrai caractère de notre temps que les révolutionnaires tendant à perpétuer le siècle de la démolition ». A ses yeux, ces derniers étaient devenus « les plus arriérés de tous les occidentaux sans cesser d'être les plus perturbateurs [1]. »

Il se tourna donc, publiquement, du côté des catholiques; et cette sorte d'hommage qu'il rendait ainsi à l'Eglise complétait celui qu'il lui avait déjà rendu en combattant des théories qu'elle-même n'avait cessé de combattre, et qui ne pouvaient pas ne pas être anticatholiques puisqu'elles étaient antisociales.

On connait la curieuse démarche qu'il fit faire par un de ses disciples, de passage à Rome, auprès du général des Jésuites — le chef des « ignaciens », comme il disait, — pour amener ce dernier à contracter avec lui l'alliance qu'il rêvait. Le « général ignacien » ne se montra pas aussi intolérant que Comte le redoutait d'abord : il accepta poliment

____

1. *Appel aux Conservateurs,* p. 83, 85.

l'hommage du *Catéchisme positiviste* et de l'*Appel aux conservateurs*, « ses remerciements écrits furent vraiment convenables » ; Comte se réjouit de « l'accueil inespéré » que recevait son « incomparable envoyé » et... les choses en restèrent là.

Mais, de cet incident, une leçon à tout le moins se dégage. Ce n'est pas seulement dans le catholicisme du moyen âge que Comte reconnaissait et admirait une puissance. Peu d'hommes, surtout parmi les non-croyants, ont vanté autant que lui « cet éminent chef-d'œuvre politique », « cet immense et admirable organisme. » Il est vrai qu'il en prédisait la ruine. Cependant, il ne pouvait en même temps s'empêcher de convenir que, de nos jours encore, la seule sociologie qui eût des chances d'être opposée victorieusement à la sienne, c'était la sociologie catholique. Il en était absolument convaincu. « Il serait fort heureux, écrivait-il en 1856 à un correspondant anglais, que tous les protestants qui ne peuvent aujourd'hui devenir positivistes retournassent au catholicisme. » A un de ses disciples qui le quittait pour revenir à la religion de sa jeunesse et qui lui avait fait part de sa résolution, ne disait-il pas, dans le même sens : « Je désire que vous redeveniez sincè-

rement catholique, — plus que je ne l'espère »,
ajoutait-il [1].

Evidemment, ce n'était là, pour lui, qu'un
pis-aller. Mais si nous examinons de plus près
sa pensée relativement à la bienfaisance sociale de l'organisation catholique, une autre
observation s'impose : les principes que Comte
retient dans sa construction positiviste sont
les principes mêmes du catholicisme, démar-
qués, transposés, et, pour ainsi dire, laïcisés.
Et il ne s'agit pas seulement ici des dehors, des
formes, des façons de parler que Comte emprunte au langage ou aux habitudes ecclésias-
tiques : dans ses *Lettres* il entretient souvent
ses correspondants de « ses prédications », de
« son clergé », des « apôtres » qu'il adresse,
par exemple, à « l'église lyonnaise », des
schismatiques ou des hérétiques qu'il doit ex-
communier, etc. Il s'agit des notions les plus
essentielles au catholicisme. Aussi, lorsqu'on
nous invite parfois à étudier dans ses livres
la théorie de la propriété ou de l'organisme
social, par exemple [2], c'est à nos propres doctrines qu'on nous exhorte à rester ou à redevenir fidèles.

1. *Lettres d'Auguste Comte à divers*, t. I", 1" part. ; pp. 507
et 620.

2. « Jusqu'à présent, déclarait un disciple de Comte,
seuls les catholiques ont su montrer de la clairvoyance.

2

V

Comte a **utilisé** dans son œuvre les doctrines sociales du catholicisme : Victor Hugo a reproché aux catholiques de les tenir dans l'oubli. Il a d'ailleurs donné à ce reproche les formes les plus paradoxales. Il n'ignorait pas que le souci des petits, des opprimés, des pauvres, des « misérables » est de l'essence même du christianisme. « La canaille suivait Jésus-Christ », déclarait-il en son langage volontiers sibyllin. Et il a affecté de mettre en scène, dans ses livres, un évêque et un Pape qui jouissent auprès de ce qu'il appelait si élégamment la « canaille » des mêmes faveurs que le Maître dont ils sont les représentants.

On connaît Monseigneur Bienvenu Myriel, l'évêque des *Misérables*.

Descendant d'une vieille famille parlementaire d'Aix, il est, comme bien d'autres, ruiné

Ayant conservé mieux que d'autres les souvenirs de cette civilisation catholico-féodale,... Ils ont approché maintes fois et de très près les solutions proposées par le positivisme... Qu'ils se mettent donc à l'œuvre avec nous. Qu'ils étudient, dans la *Politique positive*, la théorie de la propriété, celle de l'organisme social. » A. BAUMANN, *L'efficacité pratique de la sociologie d'Auguste Comte*. (*La Quinzaine*, 1er mai 1902, p. 24).

dès sa jeunesse par la Révolution : il se réfugie
en Franche-Comté où il se trouve dans la nécessité de travailler pour vivre. « En 93, ra-
contait-il plus tard, on n'avait plus de parents.
On n'avait plus que ses bras. J'ai travaillé. »
Devenu prêtre, puis évêque, il continue de
vivre pauvrement, dans une maison de pauvre,
et consacre le plus clair de ses revenus à faire
instruire gratuitement les filles indigentes, à
compléter le traitement des pauvres maîtres
d'école de son diocèse, à délivrer les prison-
niers pour dettes.

Voici quelques spécimens de ses prédications :

« Voyez les gens de Briançon. Ils ont donné aux
indigents, aux veuves et aux orphelins le droit de
faire faucher leurs prairies trois jours avant les
autres. Ils leur rebâtissent gratuitement leurs
maisons quand elles sont en ruines. Aussi est-ce
un pays béni de Dieu. »

Ou bien encore, il disait :

« Voyez ceux d'Embrun. Si un père de famille
au temps de la récolte est malade et empêché, le
curé le recommande au prône ; et, le dimanche,
après la messe, tous les gens du village, hommes,
femmes, enfants, vont dans le champ du pauvre
homme pour lui faire sa moisson et lui rapportent
paille et grain dans son grenier. »

Et les exemples de l'évêque achevaient ce
que sa prédication avait commencé.

Bon pour tous, il était intraitable dans le
soin particulier qu'il prenait des pauvres, et
des plus honnis, des plus misérables d'entre
les pauvres. Alors, rien ne l'arrêtait ni ne le
rebutait. Il se sentait envoyé, non pour garder
sa vie et ses biens, mais pour garder les âmes.
Non content de les garder, il allait au-devant
d'elles, même quand il s'agissait de voleurs,
de bandits ou d'anciens conventionnels. Il
avait un faible pour la canaille. Il est vrai que
les brigands ou les forçats qu'il rencontrait
étaient, à peu de chose près, de petits saints !

Il arriva pourtant qu'un jour, ou plutôt un
soir, il reçut et logea chez lui, — sans lui demander son nom naturellement, — un ex-pen-
sionnaire du bagne de Toulon : l'hôte, pour
lui témoigner sa gratitude, s'enfuit, la nuit,
en emportant tout ce qu'il y avait de couverts
en argent dans la maison : avons-nous dit
qu'il y en avait six ?

Le lendemain, dès qu'il l'apprit, l'évêque
fut sublime :

« — Et d'abord, cette argenterie était-elle à
nous ?

« Madame Magloire (c'était la domestique), resta

interdite. Il y eut un silence, puis l'évêque continua :

— Madame Magloire, je détenais à tort, et depuis longtemps, cette argenterie. Elle était aux
pauvres. Qu'était-ce que cet homme ? Un pauvre
évidemment.

— Hélas ! Jésus ! repartit Madame Magloire. Ce
n'est pas pour moi, ni pour Mademoiselle. Cela
nous est bien égal. Mais c'est pour Monseigneur.
Dans quoi Monseigneur va-t-il manger maintenant ?

« L'évêque la regarda, étonné :

— Ah çà ! est-ce qu'il n'y a pas des couverts
d'étain ?

« Madame Magloire haussa les épaules.

— L'étain a une odeur.

— Alors des couverts de fer.

« Madame Magloire fit une grimace expres-
sive.

— Le fer a un goût.

— Eh bien, dit l'évêque, des couverts de bois. »

Hugo affectionnait les paradoxes; et c'en
était un, à ses yeux, que cet évêque sans fortune, aux manières simples et rempli de pitié
pour les malheureux! Un jour, ayant cru
trouver mieux encore, il créa de toutes pièces
un pape s'inquiétant de la condition des ouvriers; et voici quelques-unes des paroles qu'il
mit sur ses lèvres :

Quant à toi, travailleur, sur qui ce fardeau pèse,
Toi qui te sens lion et qu'on traite en fourmi,
Ne perds pas patience et sache attendre, ami!
En venir aux mains? Non. Certes, ton droit suprême
C'est de vivre, d'avoir du pain, d'exiger même
Plus de salaire et moins de peine, j'en conviens;...
Tu dois, ferme, appuyé sur le travail robuste,
Réclamer le paiement de tes efforts ; tu dois
Protéger ton foyer, et faire face aux lois
Si leur sagesse fausse à tes droits est contraire,
Et nourrir ton enfant, — mais sans tuer ton frère,
Sans blesser la patrie et meurtrir la cité...

Dans un dialogue très expressif du même livre, il a même laissé entendre quelle serait, à son avis, la portée apologétique de cette attitude et de ces efforts des catholiques.

Le Pape, dans une mansarde, s'entretient avec un pauvre :

LE PAUVRE.

Je ne crois pas en Dieu.

LE PAPE, entrant.

Tu dois avoir faim, mange.

LE PAUVRE.

Et mon enfant ?

LE PAPE.

Prends tout.

L'ENFANT, mangeant.

C'est bon.

LE PAPE, au pauvre.

L'enfant, c'est l'ange.

Laisse-moi le bénir.

LE PAUVRE.
Fais ce que tu voudras.
LE PAPE.
Tiens, voici de l'argent pour t'acheter des draps.
LE PAUVRE.
Et du bois.
LE PAPE.
Et de quoi vêtir l'enfant, la mère,
Et toi, mon frère. Hélas ! cette vie est amère.
Je te procurerai du travail. Ces grands froids
Sont durs. Et maintenant, parlons de Dieu.
LE PAUVRE.
J'y crois.

En écrivant ces lignes où lui-même ne voyait qu'un paradoxe énorme, Victor Hugo soupçonnait-il qu'il ne traçait qu'une ébauche bien pâle de l'Encyclique sur la *Condition des Ouvriers* ?

VI

D'autres que Victor Hugo méditaient sur le rôle social de la Papauté. Un israélite devenu catholique dans sa jeunesse, puis disciple de Saint-Simon et d'Auguste Comte, Gustave d'Eichtal, gémissait de voir « tout un peuple né de l'industrie, ne trouvant dans l'institution religieuse du pays aucune direction, aucun appui pour l'accomplissement de sa rude destinée, laissé tout entier à l'impulsion de ses instincts et de ses besoins. » Il voyait d'autre part dans « la grande institution qui a été l'âme de la chrétienté, » — la Papauté. — « le type le plus complet de l'organisation chrétienne »; il écrivait :

« Héritière, comme elle-même le dit et a le droit de le dire, d'Israël et de César, résumant en elle la tradition hébraïque et la tradition romaine, l'apostolat judéo-chrétien de Pierre et l'apostolat ethno-chrétien de Paul, magistrature à la fois religieuse et politique, la Papauté réunit en elle les conditions de la plus grande action sociale qui se puisse imaginer...

« ... Le monde qui, depuis six siècles, a si ardemment combattu la Papauté, et, qui, après l'avoir si profondément abaissée, au dernier instant, semble ne pouvoir se résigner à la voir disparaître du nombre des puissances de la terre, le monde ne pourra-t-il arriver à conclure avec elle une alliance, une union définitive ?...

« Pour nous, nous augurons mieux de l'avenir réservé à la magistrature chrétienne. »

Cependant, d'Eichtal croit devoir subordonner cette « nouvelle mission » de la Papauté à une « rénovation préalable de son dogme et de son organisation ». L'Eglise, d'ailleurs, n'aura pas besoin de chercher en dehors d'elle-même les éléments de cette rénovation :

il lui suffira de « se pénétrer du caractère profondément social de l'ancienne Loi » — et de l'Evangile [1].

L'année même de l'élection de Léon XIII, un autre israélite, Isaac Pereire, reprenait, en des termes plus précis, ces conseils et cette invitation. De quoi s'agit-il aujourd'hui ? demandait Pereire. Il répondait :

« Il s'agit d'atténuer les souffrances du pauvre ; il s'agit d'améliorer le sort des classes les plus nombreuses et les plus malheureuses, de répandre l'instruction qui moralise, de multiplier les institutions de bienfaisance et de prévoyance dans l'intérêt de tous ceux qui souffrent et de tous ceux qui travaillent. Il s'agit de restreindre de plus en plus la misère, d'élever partout le niveau du bien-être général, et de clore l'ère des révolutions en appliquant toutes les idées justes, et en satisfaisant toutes les revendications légitimes.

« Nous n'avons cessé de dire aux gouvernements que c'est vers cette question fondamentale qu'ils doivent diriger tous leurs efforts, au lieu de s'absorber dans les querelles stériles de l'esprit de parti.

« Nous dirons également à l'Eglise que jamais œuvre religieuse plus digne d'elle, plus conforme à l'enseignement de son divin Maître, ne s'est of-

1. G. d'EICHTAL, *Les Evangiles*, t. 1ᵉʳ ; préf. XXXV-XL.. (1863).

ferte à sa sollicitude. N'est-elle pas, par son principe même, la mère de tous les petits, la consolatrice de tous les affligés, la protectrice de tous les opprimés ? Et, quand l'heure est venue de chercher le remède efficace aux maux trop évidents des classes inférieures, comment pourrait-elle refuser son concours à cette entreprise de haute civilisation et de véritable piété ? »

Pour justifier ces vues, Pereire en appelle à toute l'histoire de l'Eglise et à ses plus indiscutables traditions. Puis il continue : [1]

« De toutes les forces sociales, l'Eglise n'est pas seulement la plus considérable par l'influence qu'elle exerce sur les âmes ; elle l'est surtout par la puissance de son organisation et par le dévouement passionné dont sont animés ses ministres. Le jour où le clergé se mettra à la tête du mouvement social pour le succès d'une noble cause de civilisation et de progrès, cette cause sera gagnée d'avance.

« Dans la crise que nous traversons, et qui existe, avec une égale gravité, dans les institutions, dans les mœurs, dans les idées et dans les croyances, la loi ne suffit pas ; la science et l'industrie sont impuissantes ; il faut que la religion fasse entendre sa voix austère et pacifique, et vienne dénouer, au nom des vérités supérieures dont elle est la divine expression, le drame social qui, sans elle, ne

1. Isaac PEREIRE, *La Question religieuse*, p. 7-9 et 39-43. (1878).

se dénouerait que par la force. Pour accomplir cette œuvre de paix et d'harmonie, à côté, ou plutôt au-dessus des législateurs, des savants et des industriels, il faut des apôtres.

« Où trouver, en dehors de l'Eglise, les apôtres capables d'éclairer et de diriger tous les esprits, en ces temps de trouble universel ?

« Où trouver des missionnaires prêts à se dévouer pour le salut de l'humanité ?

« Où trouver les prédicateurs du droit et de la justice assez courageux, assez indépendants pour dire la vérité aux grands de la terre, protester contre les abus de la force, dénoncer les vices de l'organisation sociale et défendre les intérêts sacrés des petits et des humbles ? »

Sans doute, Isaac Pereire mêlait à ses vues des considérations que des catholiques ne peuvent s'approprier. Mais qui ne reconnaîtra que l'on trouve dans de tels appels un sentiment très vif de la puissante impulsion que recevraient les réformes sociales, le jour où l'on voudrait recourir aux doctrines et aux forces religieuses du catholicisme?

VII

L'Encyclique de Léon XIII sur la *Condition des ouvriers*, montra nettement aux plus aveugles que de tels désirs n'avaient rien de chimérique. Et, en même temps, elle les fit éclore de nouveau dans les cœurs.

A cette époque, un israéliste cultivé, James Darmesteter, ouvrait devant l'Eglise catholique d'infinies perspectives d'action et de conquêtes, en des pages datées de Noël 1891 :

« Le jour où l'Eglise catholique, — par un coup d'audace qui lui est permis, sans se renier, puisqu'elle ne ferait que remonter à sa source, — du haut de la chaire mettra dans la bouche du Christ la parole des prophètes, elle fera un nouveau bail avec la vie et pourra reprendre, haut la main, la direction des sociétés humaines. Bien que la vie semble se retirer d'elle, elle est encore la seule force organisée d'Occident, le cœur dont les battements se feraient sentir jusqu'au bout du monde si un sang rajeuni venait à y battre. Ce centre unique d'où partait la parole obéie, aujourd'hui encore, dans une société désabusée et hostile, dès qu'un mot de bonne volonté en descend, un frémissement de filiale attente court à travers l'Europe, catholique, protestante, infidèle. Depuis qu'il n'y a plus de Pape-Roi, la papauté dépouillée, devenue d'une façon plus frappante le centre idéal et immatériel, la Rome intangible du grand empire catholique, — la seule Rome intangible puisqu'elle est la Rome impalpable — semble sentir que dans l'acharnement des nations et des classes l'humanité attend un arbitre. Déjà elle s'essaie timidement à lever la voix dans le conflit des classes ; mais la fatalité de ses traditions, plus forte que son instinct, l'enferme dans un cercle de formules impuissantes et qui ne pénètrent pas. La révolution nécessaire qui, sans changer un dogme, un rite, un geste de prêtre, changerait l'esprit du Christianisme, rendrait à l'Europe un centre, un arbitre, un guide, referait de l'Eglise, devenue l'obstacle, une force de vie, peut-être faudra-t-il un schisme désastreux pour l'accomplir, peut-être suffira-t-il du génie d'un moine Hildebrand »[1].

Si Darmesteter avait mieux connu l'Eglise, il se serait gardé d'attribuer son attitude sociale à des motifs accidentels comme, par exemple, la disparition du pouvoir spirituel, et il aurait vu, dans la « fatalité de ses traditions » et dans son « esprit », non pas des obstacles, mais au contraire des stimulants pour cette action. Tel quel, son témoignage n'est-il pas extrêmement significatif ?

D'autres voix, d'ailleurs, lui faisaient écho.

En 1892, dans un volume consacré à l'étude du socialisme allemand et du nihilisme russe, M. Bourdeau établissait un parallèle entre le socialisme et le catholicisme, et il concluait :

« La papauté serait même susceptible de devo-

---

1. James DARMESTETER, *Les Prophètes d'Israël*, préface p. XVIII-XIX.

nir pour le socialisme un concurrent dangereux
si... elle se mettait résolument à la tête de la démocratie universelle, coiffait sous la tiare le bonnet phrygien et si, par la bouche de chacun de ses
prêtres, parlait un tribun du peuple. [1] »

Et déjà, ce n'est plus seulement une espérance que l'on formule ; c'est une prédiction
que l'on risque et, parfois, une crainte que
l'on exprime. De cette crainte, Spuller se faisait en ce temps-là l'interprète :

« Je ne me mêle point de prédire l'avenir, et je
n'ai ni les moyens ni le goût d'annoncer à l'avance
ce qui adviendra du mouvement extraordinaire
qui a pris son essor sous nos yeux et dont les développements ne seront connus que des générations appelées à nous survivre. Tout ce que je me
permettrai d'avancer, c'est que ceux qui vivront
vers le milieu du xx⁰ siècle verront de grandes
choses. Mais à quel prix ? C'est ce qu'il est impossible même de pressentir. »

Et Spuller ajoutait :

« A supposer que les pontifes romains réussissent, suivant leur ambition, à s'emparer de la direction de la démocratie moderne comme ils ont eu
autrefois la direction des sociétés du moyen-âge, les

---

1. J. BOURDEAU, *Le Socialisme allemand et le nihilisme
russe*, ch. II, V. p. 98-100.

papes catholiques, tout déchus qu'on les a jugés
après la perte de leur principat temporel, se trouveraient investis dans le monde civilisé du xx⁰ siècle, de la plus formidable puissance que l'humanité
aurait jamais connue [1] ».

Ce n'était pas un appel, certainement, que
Spuller adressait ici à l'Eglise ; car une telle
perspective était loin de lui sourire. Mais s'il
a dit par quels moyens pourra se rétablir cette
« puissance formidable » du catholicisme, ne
mérite-t-il pas d'être loué, au moins pour sa
clairvoyance? Et si cette puissance est bienfaisante, et tout à la fois libératrice et justi-
cière, à quoi bon la qualifier de « formidable »? De pareilles craintes seraient-elles, en
ce cas, autre chose qu'une forme plus pessi-
miste de l'espérance ?

VIII

A ces multiples appels les catholiques français n'ont-ils prêté qu'une oreille distraite? On
l'a dit maintes fois. Et il est vrai que tous
n'eurent pas une pleine conscience des éner-

1. E. SPULLER, *L'évolution politique et sociale de l'Eglise.*
Avant-propos, p. XXXIV-XXXV, (1893.)

gies divinement rénovatrices dont l'Eglise a reçu le dépôt. L'atmosphère individualiste dans laquelle ils vivaient risqua d'énerver chez un certain nombre d'entre eux le sens social : la contradiction parfois éclata entre leurs idées et leur foi, entre leur conduite et les pratiques de leur culte. Quelques-uns même crurent pouvoir s'élever avec force contre tels des principes les plus assurés du christianisme, contre telles ou telles de leurs applications les plus légitimes.

Mais ce ne sont là que des ombres! Et on ne saurait trop le répéter : ni en France ni ailleurs, les doctrines, les tendances et l'activité sociales des catholiques ne datent seulement de vingt, trente ou quarante ans. Au cours de cette dernière période, on a pu voir cette doctrine, ces tendances et cette activité s'affermir, se préciser, se développer; or, ce développement même apparaîtrait comme un phénomène sans cause, si on ne remontait pas, pour l'expliquer, à l'histoire des périodes antérieures.

Malgré d'heureuses recherches et des monographies fort suggestives, on ne sait pas encore assez, en général, combien ces préoccupations ont rempli et, dans certains cas, obsédé, durant tout le cours du xixe siècle, la pensée des catholiques de France les plus illustres. A ce point de vue, et grâce au temps — qui a si vite fait de reléguer à l'arrière-plan nos petites querelles — la plupart d'entre eux se donnent aujourd'hui la main au-dessus des barrières factices ou fragiles des écoles ou des partis. Ultramontains et « libéraux », légitimistes et démocrates, tous parvinrent à s'orienter dans un sens vraiment et résolûment social partout où ils surent, quel que fût d'ailleurs leur drapeau, demeurer fidèles aux traditions et à l'esprit de l'Eglise. L'homme sépare, mais Dieu unit. Polémistes et philosophes, apologistes et romanciers, orateurs de la chaire, du barreau ou des tribunes parlementaires, poètes, économistes et hommes d'œuvre, tous, sur ce terrain, se rencontrent et, le cas échéant, se réconcilient ou se complètent, de Joseph de Maistre à Louis Veuillot et à Blanc Saint-Bonnet, de Chateaubriand à Tocqueville ou à Lacordaire, de Charles de Coux au vicomte de Melun, de Frédéric Ozanam à Frédéric Le Play.

Il y eut, certes, des tâtonnements, des obscurités, des erreurs : nous le dirons. Mais nous le dirons aussi : c'est l'attitude de ces catholiques, sociaux dans la mesure où ils furent catholiques, qui provoqua les appels et les invitations que nous rappelions tout à l'heure ; elle ouvrait les cœurs à l'espérance, elle permettait d'esquisser ces rêves de renouveau social et ces visions d'avenir.

C'est ce que nous espérons montrer, avec preuves et documents à l'appui, au cours de ces pages, consacrées à une période réputée particulièrement ingrate, — et dans la double série d'études qui, s'il plaît à Dieu, les suivront.

CHAPITRE PREMIER

LES PREMIERS GUIDES

En présence de l'ensemble très complexe et très confus d'idées et de faits qui s'offraient à eux sous le nom de Révolution française, les catholiques furent, dès la première heure, très partagés.

Avant ces événements, et dans un livre qui contribua puissamment à les précipiter, un adversaire de l'Eglise, Jean-Jacques Rousseau, avait essayé de se représenter ce que serait une « république chrétienne »; mais, tout de suite, il s'était repris :

« Je me trompe, écrivait-il, en parlant de république chrétienne ; chacun de ces deux mots exclut l'autre. Le christianisme ne prêche que servitude et dépendance. Son esprit est trop favorable à la tyrannie pour qu'elle n'en profite pas toujours. Les vrais chrétiens sont faits pour être esclaves, et ils ne s'en émeuvent guère; cette courte vie a trop peu de prix à leurs yeux [1] ».

Cependant, au lendemain de la Révolution, un cardinal qui n'allait pas tarder à devenir Pape sous le nom de Pie VII adressait à ses diocésains d'Imola, dans une Lettre pastorale de Noël 1797, des instructions diamétralement contraires à ces insinuations de Rousseau :

« Non, mes chers frères, écrivait-il, non, la forme du gouvernement démocratique introduite parmi nous n'est pas en opposition avec les maximes que nous vous avons enseignées ; elle ne répugne pas à l'Evangile : elle exige, au contraire, ces vertus sublimes qui ne s'apprennent qu'à l'école de Jésus-Christ, et qui, pratiquées par vous, procureront votre félicité et la gloire de notre République [2] ».

Les premiers guides français de la pensée catholique s'engagèrent, dès le début du xixe siècle, en ces deux directions opposées :

Les unes, reprenant en sens inverse la voie

1. ROUSSEAU, *Du Contrat social.* liv. IV, ch. VIII : De la religion civile.

2. Cardinal CHIARAMONTI, évêque d'Imola. (Cité par Picot. *Mémoires pour servir à l'Histoire ecclésiastique pendant le xviiie siècle*; t. VI, 3e édit. p. 282.)

ouverte par Rousseau, ne virent dans la Révolution, prise en bloc, qu'une négation « satanique » et sanguinaire du christianisme catholique : ils n'eurent qu'une idée, la combattre, et qu'un désir, la renverser.

Les autres, croyant reconnaître dans l'impétueuse violence avec laquelle elle avait accompli son œuvre, un fait providentiel, se plurent à discerner en elle une sorte de christianisme inconscient : ils ne la considérèrent point comme une ennemie à vaincre, mais plutôt comme une auxiliaire, une alliée, presque une amie qu'il fallait éclairer, convertir et diriger.

De ceux-ci aussi bien que de ceux-là les catholiques reçurent des leçons très positives et très précises qui purent, en se combinant, se compléter : des premiers, ils apprirent ce qu'il y eut de mauvais et de caduc, et, des seconds, ce qu'il y eut d'excellent et de durable, dans les doctrines et les institutions très mêlées qui s'abritaient sous le patronage de la Révolution française.

LES INTRANSIGEANTS

I. — Joseph de MAISTRE

De tous les écrivains du xix° siècle, Joseph de Maistre n'est assurément pas le seul qui ait exercé, sur l'orientation politique, sociale et même religieuse des catholiques français — pour ne parler ici que d'eux, — une influence considérable. Il est du moins, avec Bonald et Chateaubriand, l'un des premiers. Ni au point de vue des dates, ni au point de vue des idées, cette priorité ne peut lui être contestée. Mais, il faut en convenir, elle n'est pas faite exclusivement d'admiration. De Maistre était de ceux qui, selon le mot de Sainte-Beuve, « ne vous enfoncent la vérité que par leurs pointes ». Il est assez naturel que tous ceux qu'il a blessés, par son intransigeance et, plus encore, par sa façon de l'étaler, le blâment, le combattent, ou le dénigrent, tandis que les autres, ne voyant dans ces pointes que d'agréables impertinences, l'admirent et le louent, presque sans mesure. Et comme ces éloges et ces reproches, à tort ou à raison, remontent de Joseph de Maistre jusqu'à la religion elle-même, leur portée s'en accroît d'autant. L'auteur des *Considérations sur la France*, du *Pape*, des *Soirées de Saint-Péters-bourg* a-t-il donné du catholicisme une image aimable, attirante, et qui fît souhaiter qu'il fût vrai ? A-t-il diminué la somme énorme de préjugés qui se sont accumulés contre sa doctrine, ses institutions, son histoire ? A-t-il aidé les catholiques à se libérer de points de vue et d'attitudes particulièrement antipathiques à des générations d'hommes épris de transformations politiques et de progrès social ?

I

« L'auteur s'est attaché autant qu'il a pu à n'employer dans ses arguments que la méthode positive, et n'a fait qu'un usage secondaire des considérations puisées dans la philosophie théologique ou métaphysique [1] ».

1. A. COMTE, *Politique positive*, t. IV. Appendice général.

Ces lignes sont d'Auguste Comte; et « l'auteur » dont Comte caractérise en ces termes l'apologétique, c'est Joseph de Maistre en personne. Au fait, si l'apologétique « positive » n'était, en un sens, aussi ancienne que l'apologétique elle-même, de Maistre en serait le créateur. Nul plus que lui n'a fait valoir les avantages pratiques, effectifs, des doctrines et des institutions religieuses; nul n'a mis plus d'insistance à montrer leur intime et nécessaire connexion avec les institutions sociales. Raisons morales, sociales et même politiques de croire : on grouperait aisément sous ce titre les pages les plus profondes ou les plus brillantes qu'il a consacrées au catholicisme; c'est-à-dire à peu près tout ce qu'il a écrit.

Veut-on se rendre compte de la façon dont il met en valeur les bienfaits sociaux du catholicisme? Qu'on examine, dans un de ses livres les plus célèbres, la section qui a pour titre : *Du Pape dans son rapport avec la civilisation et le bonheur des peuples.* Là, il s'applique à montrer que le Souverain Pontife est, en toute vérité, « le chef naturel, le promoteur le plus puissant, le grand Démiurge de la civilisation universelle ». Et, dans ce but, il étudie le rôle des Papes dans l'établissement des missions, la suppression de l'esclavage, le maintien de la dignité sacerdotale, la création de la monarchie européenne.

Toutes ces raisons ne sont pas également démonstratives? Et d'autres qui les mettront aussi en lumière n'en tireront pas toujours les mêmes conclusions que de Maistre? Sans doute. Elles ne sont même.point complètes? C'est encore vrai ; et l'on peut s'étonner qu'un apologiste de son envergure écarte de cette énumération suggestive les institutions corporatives qui favorisèrent si puissamment l'application des principes évangéliques. Mais, après lui, d'autres s'en souviendront ; et c'est lui qui leur aura, sous ce rapport même, ouvert la voie, en travaillant à la réhabilitation sociale du moyen-âge chrétien.

De Maistre, néanmoins, ne se borne pas à louer les services rendus par l'Eglise à la civilisation. Il va plus loin. Il s'élève plus haut. En effet, il ne vise à rien moins qu'à montrer dans les vérités religieuses des vérités sociales, ou, comme il dit, des « lois du monde ».

Comment essaie-t-il, par exemple, de justifier l'autorité doctrinale et disciplinaire de l'Eglise et, plus particulièrement, du Pape? Voici un fragment très important de sa démonstration qui a pour titre : *Du Pape dans*

*son rapport avec les souverainetés tempo-
relles :*

« L'homme, écrit-il, en sa qualité d'être à la fois
moral et corrompu, juste dans son intelligence et
pervers dans sa volonté, doit nécessairement être
gouverné ; autrement, il serait à la fois sociable et
insociable, et la société serait à la fois nécessaire
et impossible... L'homme étant donc nécessairement gouverné, sa volonté n'est pour rien dans
l'établissement du gouvernement... Quoique la
souveraineté n'ait pas d'intérêt plus grand et plus
général que celui d'être juste, et quoique les cas
où elle est tentée de ne l'être pas soient sans comparaison moins nombreux que les autres, cependant ils le sont malheureusement beaucoup... Il
était donc impossible que les hommes ne fissent
pas de temps en temps quelques efforts pour se
mettre à l'abri des excès de cette énorme prérogative... Toujours en garde contre ses maîtres, tantôt l'Européen les a chassés, et tantôt il leur a
opposé des lois... Puisqu'il n'y a rien de si insup-
portable à notre orgueil que le gouvernement despotique, le plus grand problème européen est donc
de savoir : *Comment on peut restreindre le pouvoir
souverain sans le détruire...* D'ailleurs, on ne voit
pas que les nombreuses tentatives faites pour restreindre le pouvoir souverain aient jamais réussi
d'une manière propre à donner l'envie de les imi-
ter... Il paraît donc que, pour retenir les souverainetés dans leurs bornes légitimes, c'est à dire
pour empêcher de violer les lois fondamentales de
l'État, dont la religion est la première, l'interven-

tion plus ou moins puissante, plus ou moins active, de la suprématie spirituelle, serait un moyen
pour le moins aussi plausible que tout autre... A
cette solide théorie, l'expérience vient ajouter sa
démonstration, etc. » ;

— l'expérience, autrement dit l'histoire à laquelle, ici comme plus haut, de Maistre fait
appel, afin de montrer comment les Papes, en
réprimant les vices des princes, en maintenant
la sainteté des mariages et des mœurs sacerdotales, etc, ont limité le pouvoir temporel,
c'est-à-dire « retenu les souverainetés dans
leurs bornes légitimes » ; et il ne conçoit donc
pas la théocratie comme une domination absolue et sans scrupules, mais tout au contraire
comme un moyen de libérer d'un absolutisme
violent et oppresseur la conscience des peuples. Bref, conclut-il,

*« l'autorité des Papes fut la puissance choisie et cons-
tituée dans le Moyen-Age pour faire équilibre à la
souveraineté temporelle.* Et ceci n'est encore qu'une
des lois générales du monde, qu'on ne veut pas
observer et qui sont cependant d'une évidence incontestable ».

On sait l'impression profonde que produisit
cette argumentation sur des esprits tout posi-
tifs, sur Auguste Comte, par exemple, qui

devait faire de la nécessité d'un pouvoir spirituel l'un des principes essentiels de sa philosophie, de sa politique, de sa religion. Et si des adversaires de Joseph de Maistre ont pu lui reprocher le caractère « humain et profane » de son argumentation, il faut, pour être juste, se souvenir qu'une argumentation plus « théologique » n'aurait guère convaincu que des théologiens [1].

Veut-il faire comprendre et admettre l'infaillibilité de ce pouvoir spirituel ? De Maistre n'emploie pas une autre méthode.

« Que n'a-t-on pas dit sur l'infaillibilité considérée au point de vue théologique! écrit-il. Il serait difficile d'ajouter de nouveaux arguments à ceux que les défenseurs de cette haute prérogative ont accumulés pour l'appuyer sur des autorités inébranlables... »

Mais il reste à l'appuyer sur des faits. Et, sous ce rapport, tout n'est pas dit :

« Je ne sais si l'on a assez remarqué sur cette grande question, comme sur tant d'autres, que *les vérités théologiques ne sont que des vérités générales, manifestées et divinisées dans l'ordre religieux, de*

______

1. Ad. FRANCK, *Joseph de Maistre*. Compte-rendu des séances et travaux de l'Académie des Sciences morales et politiques, t. CIV, p. 381, (17 avril 1880).

*manière qu'on ne saurait en attaquer une sans atta-
quer une loi du monde.* »

L'infaillibilité n'est donc pas, dans l'Eglise,
d'après de Maistre, un phénomène tellement
exceptionnel et unique qu'on n'y puisse voir
une application particulière d'une loi universelle :

« Quand nous disons que l'Eglise est infaillible,
nous ne demandons pour elle, il est bien essentiel
de l'observer, aucun privilège particulier ; nous demandons seulement qu'elle jouisse du droit commun à toutes les souverainetés possibles qui toutes
agissent nécessairement comme infaillibles, etc. »

De Maistre est donc amené à prouver que l'infaillibilité, au sens où il l'entend, est le droit
commun de toutes les souverainetés [1]. Comme

1. Franck dans l'étude que nous avons signalée plus
haut, appréciait en ces termes cette argumentation : « La
conclusion de ce raisonnement, c'est que le Parlement
anglais, le sultan, le czar, le shah de Perse sont aussi infaillibles dans l'exercice de leur autorité respective que
le Souverain Pontife dans l'exercice de la sienne, puisqu'ils le sont de la même manière et pour les mêmes raisons. Quelle étrange manière de parler de celui que tout
catholique croyant est obligé de vénérer comme le vicaire
de Jésus-Christ, comme le représentant visible de Dieu
sur la terre ! » (*Ibid.* p. 381). On sait que le Pape refusa
d'accepter l'*Epître dédicatoire* que de Maistre avait voulu
lui adresser pour la seconde édition de son livre *Du Pape*.
(Cf. BRUNETIÈRE, *Joseph de Maistre et son livre du Pape*, *Revue des Deux-Mondes*, 1ᵉʳ mai 1906, p. 230.)

il est aisé de le prévoir, les éléments de cette démonstration seront exclusivement empruntés au faits de l'ordre moral, politique, judiciaire, social. Une fois cette démonstration faite, il ne s'agira plus que de savoir « où est la souveraineté dans l'Eglise »; et, l'histoire en mains, de Maistre établira qu'elle a toujours résidé dans le Pape. Telle est la méthode : elle relève de la sociologie, de la politique, plutôt que de la théologie.

II

La « méthode positive » qu'Auguste Comte félicitait de Maistre d'avoir employée dans ses livres n'était peut-être pas sans péril; elle n'avait, en tous cas, rien de commun avec la méthode révolutionnaire.

La Révolution était partie de ce double principe que la nature a fait l'homme heureux et bon, tandis que la société le déprave et le rend misérable ; et qu'il faut donc changer de fond en comble la constitution de la société afin de permettre à l'homme de redevenir bon.

De Maistre n'eut rien de plus à cœur que d'opposer à ces faux principes le témoignage irrécusable des faits. Et aucune expression ne lui parût trop forte pour traduire sur ce point son horreur et son dégoût.

« Ce qui distingue la Révolution française, écrivait-il dès 1796, ce qui en fait un événement unique dans l'histoire, c'est qu'*elle est mauvaise radicalement*; aucun élément de bien n'y soulage l'œil de l'observateur. »

Et il ajoutait :

« Il y a dans la Révolution française un caractère satanique qui la distingue de tout ce qu'on verra [1]. »

Ces déclarations étaient même, à ses yeux, tellement capitales qu'il les reprenait encore, plus tard, dans le « Discours préliminaire » dont il faisait précéder son livre *Du Pape :*

« Je demande la permission de le répéter, disait-il : la Révolution française ne ressemble à rien de ce qu'on a vu dans les temps passés. *Elle est satanique dans son essence.* Jamais elle ne sera totalement éteinte que par le principe contraire,

1. *Considérations sur la France,* ch. IV et V, *passim.*

et jamais les Français ne reprendront leur place jusqu'à ce qu'ils aient reconnu cette vérité. »

Le « principe contraire », c'est le principe chrétien ; et la préoccupation de de Maistre fut toujours de montrer, non seulement qu'il devait prévaloir, mais encore qu'en le combattant on se donnait pour adversaires les vérités les plus générales et les lois même du monde.

Car il y a des lois qui gouvernent les institutions sociales comme il y en a qui gouvernent le monde physique. Qui voudrait essayer de changer les lois de la pesanteur ? Qui serait assez fou pour se figurer qu'il a le pouvoir de « faire un arbre ? » Et l'on s'attribue ingénument le droit de « faire une constitution » !

« La philosophie moderne est tout à la fois trop matérielle et trop présomptueuse pour apercevoir les vrais ressorts du monde politique. Une de ses folies est de croire qu'une assemblée peut constituer une nation, qu'une *constitution*, c'est-à-dire l'ensemble des lois fondamentales qui conviennent à une nation, et qui doivent lui donner telle ou telle forme de gouvernement, est un ouvrage comme un autre, qui n'exige que de l'esprit, des connaissances et de l'exercice ; qu'on peut apprendre son *métier de constituant*, et que des hommes, le jour qu'ils y pensent, peuvent dire à d'autres hommes : *Faites-nous un gouvernement*, comme on dit à un ouvrier : *Faites-nous une pompe à feu, ou un métier à bas.*

Cependant, il est une vérité aussi certaine, dans son genre, qu'une proposition de mathématiques, c'est que *nulle grande institution ne résulte d'une délibération*, et que les ouvrages humains sont fragiles en proportion du nombre d'hommes qui s'en mêlent, et de l'appareil de science et de raisonnement qu'on y emploie *a priori* [1] ».

Quelques années après, de Maistre revenait encore à la charge; et son *Essai sur le principe générateur des constitutions politiques* complétait admirablement ses *Considérations sur la France* :

« Une des grandes erreurs d'un siècle qui les professa toutes, fut de croire qu'une constitution politique pouvait être écrite et créée *a priori*, tandis que la raison et l'expérience se réunissent pour établir qu'une constitution est une œuvre divine, et que ce qu'il y a précisément de plus fondamental et de plus essentiellement constitutionnel dans les lois d'une nation ne saurait être écrit » [2].

1. *Considérations sur la France*, ch. VII. — Voir dans le même sens le ch. VI.

2. *Essai sur le principe générateur des constitutions politiques*, § I. — Voir, de même, un peu plus loin (§ XIII) : « ... La plus grande folie, peut-être, du siècle des folies

Et déjà de Maistre applique à l'autorité du Pape ce qu'il dit de toutes les souverainetés; et il le fait en des termes qui montrent bien jusqu'à quel point il a eu « le sentiment de la réalité de la succession ou de l'évolution dans l'histoire de l'Eglise [1] ». Cette autorité, observe-t-il, ne résulte pas d'une loi écrite; elle s'est, comme toutes les autres, affirmée et développée progressivement :

« ... Nulle institution grande et réelle ne saurait être fondée sur une loi écrite, puisque les hommes mêmes, instruments successifs de l'établissement, ignorent ce qu'il doit devenir, et que l'accroissement insensible est le véritable signe de la durée dans tous les ordres possibles de choses. Un exemple remarquable de ce genre se trouve dans la puissance du Souverain Pontife, que je n'entends point envisager ici d'une manière dogmatique. Une foule de savants écrivains ont fait, depuis le seizième siècle, une prodigieuse dépense d'érudition pour établir, en remontant jusqu'au berceau du christianisme, que les évêques de Rome n'étaient point dans les premiers siècles ce qu'ils furent depuis, supposant ainsi comme un point accordé que tout ce qu'on ne trouve pas dans les temps primitifs est un abus. Or, je le dis sans le

fut de croire que les lois fondamentales pouvaient être écrites *a priori*. »

1. F. Brunetière, *J. de Maistre et son livre « Du Pape »*. (*Revue des Deux-Mondes*, 1ᵉʳ mai 1906, p. 234.)

moindre esprit de contention, et sans prétendre choquer personne, ils montrent en cela autant de philosophie et de véritable savoir que s'ils cherchaient dans un enfant au maillot les véritables dimensions de l'homme fait. La souveraineté dont je parle dans ce moment est née comme les autres, s'est accrue comme les autres. C'est une pitié de voir d'excellents esprits se tuer à vouloir prouver par l'enfance que la virilité est un abus, tandis qu'une institution quelconque, adulte en naissant, est une véritable absurdité au premier chef, une véritable contradiction logique. Si les ennemis éclairés et généreux de cette puissance (et certes elle en a beaucoup de ce genre) examinent la question sous ce point de vue, comme je les en prie avec amour, je ne doute pas que toutes ces objections tirées de l'antiquité ne disparaissent à leurs yeux comme un léger brouillard [1] ».

Il est donc vain de prétendre imposer à la société des lois toutes faites, comme il est vain d'attribuer à des conventions factices des institutions vivantes. Ces lois, indépendantes de la volonté humaine, il faut d'abord les observer. C'est l'observation, c'est « *l'expérience qui décide de toutes les questions en politique comme en physique* ». En d'autres termes, l'histoire, selon la définition qu'en donnent quelque part les *Considérations sur*

1. *Essai*, § XXIII. — Voir dans le même sens : *Du Pape*, liv. I⁰ʳ, ch. XIV.

la France, est vraiment la « politique expérimentale [1]. » Cette formule de J. de Maistre est à retenir : elle caractérise à merveille l'une des parties les plus importantes, les plus positives et les plus durables de son œuvre. Il voulait faire une contre-révolution; c'est en cela qu'il l'a faite, et bien faite; et c'est par là aussi qu'il a vraiment mérité de devenir l'un des précurseurs ou même l'un des créateurs de la sociologie.

III

S'il fallait, pour apprécier les résultats obtenus par de Maistre, s'en rapporter seulement à la confiance qu'ils lui ont inspirée, rien n'en égalerait la certitude. Dans les lois qu'il formulait lui apparaissaient les desseins les plus secrets et les plus inébranlables de la Providence. Mais, en histoire comme en politique, la réalité n'épuise pas le domaine du possible; et, de ce que, dans telles circons-

1. *Considérations sur la France,* ch. IV et X, *passim.*

tances, telle combinaison a réussi, il n'est pas permis d'augurer que nulle autre ne réussira jamais. Dieu sait pourtant si de Maistre s'est privé de ces inductions fantaisistes et aventureuses [1] !

« Les mots de grande république, a-t-il écrit un jour, s'excluent comme ceux de cercle carré ». C'était l'une de ses « lois » ; et elle s'appliquait, dans sa pensée, non seulement à la France, mais à l'Eglise. L'Eglise, à ses yeux, n'est qu'une monarchie, rien de plus, rien d'autre. Fidèle à sa méthode, il explique que « cela devait être » :

« Cela devait être, puisque la monarchie devient, par la nature même des choses, plus nécessaire à mesure que l'association devient plus nombreuse. On n'a point oublié qu'une bouche impure se fit cependant approuver de nos jours, lorsqu'elle dit que *la France était géographiquement monarchique*. Il serait difficile, en effet, d'exprimer plus heureu-

---

1. Par exemple : « Un concile œcuménique est devenu une chimère. » *Du Pape*, liv. Ier, ch. 11. — Voir aussi, dans le même ouvrage, liv. IV, ch. XI : « Jamais il ne sera possible d'établir une souveraineté grecque, » et dans les *Considérations sur la France*, le ch. VII, à propos de Washington : « ... Il y a trop de délibérations, trop d'*humanité* dans cette affaire ; et l'on pourrait gager mille contre un, ou que la ville ne se bâtira pas, ou qu'elle ne s'appellera pas *Washington*, ou que le Congrès n'y résidera pas. »

sement une vérité plus incontestable. Mais si l'étendue de la France repousse seule l'idée de tout autre gouvernement, à plus forte raison cette souveraineté qui, par l'essence même de sa constitution, aura toujours des sujets sur tous les points du globe, ne pouvait être que monarchique... [1] »

Plus tard, dans son livre *Du Pape*, de Maistre ne dira pas autre chose :

« L'idée seule de l'universalité, déclarera-t-il, suppose cette forme de gouvernement dont l'absolue nécessité repose sur la double raison du nombre des sujets et de l'étendue géographique de l'Empire [2] ».

Peu de théologiens consentiraient à se faire de la constitution de l'Eglise une notion aussi exclusive et aussi simpliste. Car, si l'Eglise ressemble par l'un de ses éléments essentiels aux monarchies, il est incontestable que, par d'autres, elle en diffère : « Tous les Docteurs catholiques, disait déjà Bellarmin, sont d'accord sur ce point que le régime ecclésiastique, confié par Dieu aux hommes, est, à la vérité, monarchique, mais tempéré d'aristocratie et de démocratie » [3].

1. *Essai*, XVIII.
2. *Du Pape*, liv. I⁰ʳ, ch. I⁰ʳ.
3. BELLARMIN, *De Romano Pontifice*, c. V. — Un peu plus

Et la question n'est pas sans importance, puisque cette assimilation complète du gouvernement ecclésiastique au gouvernement monarchique a permis à de Maistre de lier plus aisément les destinées de l'Eglise au sort des monarchies ; et, sans contredit, cela est grave !

« Français, c'est au bruit des chants infernaux, des blasphèmes de l'athéisme, des cris de mort et des longs gémissements de l'innocence égorgée, c'est à la lueur des incendies, sur les débris du trône et des autels, arrosés par le sang du meilleur des rois et par celui d'une foule innombrable d'autres victimes ; c'est au mépris des maux et de la foi publique, c'est au milieu de tous les forfaits, que vos séducteurs et vos tyrans ont fondé ce qu'ils appellent votre liberté. — C'est au nom du Dieu très grand et très bon, à la suite des hommes qu'il aime et qu'il inspire, et sous l'influence de son pouvoir créateur, que vous reviendrez à votre ancienne constitution, et qu'un roi vous donnera la seule chose que vous deviez désirer sagement, la liberté par le monarque ! ».

haut, Bellarmin observe que l'on trouve dans l'Eglise « S. Pontificis monarchiam, — atque episcoporum (qui veri principes et pastores, non vicarii Pontificis sunt) aristocratiam, — ac demum suum quemdam in ea locum habere democratiam, cum nemo sit ex omni christianâ multitudine qui ad episcopatum vocari non possit, si tamen dignus eo munere judicetur. »

1. *Considérations sur la France*, ch. X, § Ier. — De même, dans le *Pape*, liv. II, ch. V : « Il y a tant d'analogie, tant

Le trône et l'autel sont donc, pour de Maistre, solidaires. Associés dans la défaite, ils le seront dans la victoire. Car le jour où les hommes, éclairés par ceux d'entre eux que Dieu « aime » et « inspire », connaîtront mieux les lois naturelles et divines des sociétés, ils comprendront qu'ils doivent, sous peine d'en mourir, redemander un roi.

IV

Si nous ne pouvons accepter ces inductions de Joseph de Maistre et si nous y découvrons au contraire l'origine — ou, en tout cas, la trace, — de l'un des préjugés les plus tenaces et les plus nuisibles, il nous faut reconnaître qu'elles sont tempérées chez lui par « un peu de ce mépris ultramontain à l'endroit des puissances [1] », que lui attribuait naguère Sainte-Beuve, et qui n'est au fond qu'un

de fraternité, tant de dépendance entre le pouvoir pontifical et celui des rois, que jamais on n'a ébranlé le premier sans toucher au second. »

1. SAINTE-BEUVE, *Joseph de Maistre.* (*Revue des Deux-Mondes,* 1er août 1843, p. 374.) Cf. *Portraits littéraires,* t. II.

sentiment très vif de l'action bienfaisante et de la divine supériorité de l'Eglise.

De là, et sans doute aussi des tendances mystiques de son esprit — développées probablement au contact de certains « illuminés » dont il a subi l'influence : le « philosophe inconnu » Saint-Martin, notamment [1]; — de là lui sont venues ces intuitions curieuses et hardies qui l'ont rendu populaire chez les Saints-Simoniens.

« Je suis si persuadé des vérités que je défends, que lorsque je considère l'affaiblissement général des principes moraux, la divergence des opinions, l'ébranlement des souverainetés qui manquent de base, l'immensité de nos besoins et l'inanité de nos moyens, il me semble que *tout vrai philosophe doit opter entre ces deux hypothèses, ou qu'il va se former une nouvelle religion, ou que le christia-*

---

1. Dans l'étude que nous avons citée plus haut, A. FRANCK, auteur d'un ouvrage sur *La Philosophie mystique en France à la fin du xviii* siècle : *Saint-Martin et son maître Martinez Pasqualis* (1866), a établi des rapprochements assez curieux entre quelques-unes des idées les plus familières à de Maistre et les idées de Saint-Martin telles qu'elles se trouvent déjà exprimées dans un opuscule antérieur d'un an aux *Considérations sur la France*, et qui a pour titre : *Lettre à un ami, ou Considérations philosophiques et religieuses sur la Révolution française*. On trouvera aux *Documents*, § 1, un fragment de cette démonstration de Franck. — Sur les illuminés et, en particulier, Saint-Martin, voir les *Soirées de Saint-Pétersbourg*, dernier entretien.

nisme sera rajeuni de quelque manière extraordinaire. C'est entre ces deux suppositions qu'il faut choisir, suivant le parti qu'on a pris sur la vérité du christianisme [1]. »

Et encore :

« ... L'univers est dans l'attente. Comment mépriserions-nous cette grande persuasion?... *Attendez que l'affinité naturelle de la religion et de la science les réunisse dans la tête d'un seul homme de génie; l'apparition de cet homme ne saurait être éloignée; et peut-être même existe-t-il déjà.* Celui-là sera fameux et mettra un terme au XVIIIe siècle qui dure toujours... [2] »

On devine le succès que de telles déclarations, plus ou moins bien interprétées, devaient obtenir auprès des admirateurs de Saint-Simon, et partout où l'on rêvait d'une sorte de « nouveau christianisme » dont les savants seraient les prêtres. Si la religion n'a pas été écartée *a priori* par un certain nombre de ces novateurs, si plusieurs ont compris tout ce qu'il y a de vérité humaine et sociale dans les doctrines et les institutions

---

1. *Considérations sur la France,* ch. V.
2. *Soirées de Saint-Pétersbourg,* dernier entretien. De Maistre met, il est vrai, ces paroles sur les lèvres du « sénateur »; mais le « comte » un peu plus loin, les approuve.

divines du catholicisme, ce n'est pas à de]Mais-
tre seulement qu'ils le doivent, mais de Maistre n'y est pas étranger. Comte, par exemple,
n'a-t-il pas déclaré qu'il s'était approprié l'essentiel des idées de l'auteur du *Pape?*

Il convient d'en savoir gré à de Maistre.
Sans doute la plupart de ses admirateurs sont
attirés par d'autres aspects de son œuvre;
mais ce ne sont point ceux par où elle est actuelle, bienfaisante et immortelle. Ou bien,
si, par ces aspects, elle est encore actuelle,
c'est pour avoir entretenu longtemps dans
l'âme des catholiques français des espérances
qui ont fait leur faiblesse, si tant est qu'elles
n'en soient pas encore en grande partie la
cause. C'est qu'il n'est pas donné à tout le
monde d'être prophète, ni à tous les prophètes de ne jamais se tromper! Joseph de Maistre a su mettre en relief la valeur sociale du
catholicisme, il a su dire que la société est
régie par des lois, que ces lois ne doivent pas
être imposées aux faits par des métaphysi-
ciens d'occasion, mais dégagées des faits par
les observateurs. Evidemment, il n'a pas tout
dit ; et il n'a pas toujours dit juste. Cependant, sur ces deux points, il a ouvert une
voie. On souhaiterait qu'il eût fait plus. Mais
il faut prendre les écrivains, les penseurs,

les polémistes et même les prophètes tels
qu'ils sont. Cela, d'ailleurs, nous suffit pour
avoir le droit d'aimer en lui, — encore que
cette sympathie ne soit pas sans mélange —
l'un des maîtres du catholicisme social, et
même de la sociologie, tout court.

II. — BONALD

Pour Bonald, comme pour de Maistre, la Révolution est la grande, l'irréconciliable adversaire. L'un et l'autre suivent, pour la combattre, une marche parallèle ; ils veulent l'atteindre jusque dans son principe. Il importe, à leurs yeux, souverainement, de distinguer, dans cette lugubre tragédie, les auteurs et les acteurs. Les auteurs et, en un sens, les seuls auteurs, furent les « philosophes. » Les crimes de 93 sont nés des erreurs de 89. C'est donc à ces erreurs qu'il faut s'en prendre. Et comme on ne peut espérer d'en triompher qu'en leur opposant la vérité absolue et totale, Bonald se met à l'œuvre : il dresse contre la Révolution montante son lourd échafaudage de théorèmes.

I

Voici le point de départ de tous ces raisonnements :

Les sociétés sont soumises à des lois primitives, fondamentales, que l'on peut appeler naturelles parce qu'elles sont conformes à la nature des êtres et résultent nécessairement de leurs rapports, mais qui sont, pour cette raison même, divines puisqu'elles ont pour auteur l'Auteur des êtres, Dieu. La mission du législateur est de découvrir, de déclarer, de promulguer ces lois, et non de les faire. Et on peut les découvrir, puisqu'elles sont « naturelles », et, à ce titre, inscrites dans les faits, consignées dans l'histoire, et contresignées là, en traits saillants, par Dieu lui-même. Dieu seul « constitue » les peuples. Une nation qui demande une *constitution* à des législateurs ressemble à un malade qui demanderait un *tempérament* à un médecin : cette comparaison est de Bonald lui-même, et elle exprime admirablement sa pensée. Il n'y a de légitimes, c'est trop peu dire, il n'y a de possibles à ses yeux, que les constitutions en harmonie avec les lois naturelles et divines des sociétés.

Et puisque ces lois dérivent nécessairement de la nature des êtres, elles ne changent pas plus que les êtres eux-mêmes :

« Il existe une et une seule constitution de société politique, une et une seule constitution de société religieuse : la réunion de ces deux constitutions et de ces deux sociétés constitue la société civile; l'une et l'autre constitution résultent nécessairement de la nature des êtres qui composent chacune des deux sociétés, aussi nécessairement que la pesanteur résulte de la nature des corps. Ces deux constitutions sont nécessaires dans l'acception métaphysique de cette expression, c'est à dire qu'elles ne pourraient être autres qu'elles ne sont sans choquer la nature des êtres qui composent chaque société; ainsi, toute société religieuse ou politique, qui n'est pas encore parvenue à sa constitution naturelle, tend nécessairement à y parvenir; toute société religieuse ou politique que les passions de l'homme ont écartée de la constitution naturelle tend nécessairement à y revenir [1]. »

1. *Théorie du Pouvoir*. **Préf.**

Quelle est donc cette constitution naturelle, divine, et, partant, unique et nécessaire ? La constitution monarchique. Les sociétés sont ainsi faites qu'il y a, dans chacune d'elles :

« Un chef ou *pouvoir*, un *ministère* qui sert au chef, et des *sujets* qui sont le terme de la volonté de l'un et du service des autres. L'orgueil humain peut se révolter contre cette doctrine, mais la nature l'établit ou la rétablit partout [1]. »

Bonald a écrit des pages très curieuses pour démontrer que cette constitution nécessaire se retrouve jusque dans la personne humaine. N'a-t-il pas défini l'homme « une intelligence servie par des organes ? »

« L'homme considéré en lui-même et dans sa constitution naturelle, est donc une vraie monarchie, comme la sociét[1]; une monarchie qui a aussi son pouvoir, ses ministres, ses sujets, et dans laquelle, comme dans toute autre, la partie qui doit obéir, la partie sujette et animale, fait un continuel effort pour usurper le pouvoir sur la raison, égarer les sens pour qu'ils la trompent, et établir dans l'homme la domination exclusive des besoins physiques et la domination des passions [2]. »

1. Sur l'état actuel de l'Europe, *Mercure de France*, 1800.
2. *Recherches philosophiques*, ch. V.

Mais ce n'est là qu'un indice. La véritable unité sociale n'est pas l'individu : c'est la famille. Pour bien connaître la constitution des sociétés humaines, il faut donc analyser la constitution familiale.

Dans la famille, le père représente le *pouvoir*, la mère le *moyen* ou le *ministère*, l'enfant le *sujet*. Tout ce qui rompt cette liaison, par exemple, le divorce, — contre lequel on sait que Bonald s'est élevé avec une grande force, — est contre nature, ou, ce qui revient au même, illégitime. Tout ce qui la favorise est bon, naturel, divin : par exemple, le droit d'aînesse, qui constitue chaque famille comme la société même, et y établit une sorte de royauté héréditaire [1].

Or, l'Etat et la famille sont rigoureusement solidaires. Voulez-vous savoir si un système politique est vrai, naturel, divin ? Voyez s'il peut, toutes proportions réduites, s'appliquer à la famille. « Là est la pierre de touche des constitutions [2]. » Pouvez-vous supprimer, dans la famille, l'autorité paternelle et maritale, d'une part, et, d'autre part, l'obéissance de la femme et des enfants ? Non ? Eh bien, vous ne le pouvez pas davantage dans la so-

---

1. Cf. *Théorie du Pouvoir*, part. I, liv. XII, ch. II.

ciété civile. Ou, si vous avez l'audace, l'imprudence, la folie de le faire, la famille en ressentira le douloureux contre-coup. Et, inversement, si c'est la famille qui est atteinte, la société politique ne tardera pas à en subir les conséquences.

« Partout où le lien domestique a été dissous, le lien politique a été rompu ou relâché : la démocratie politique qui permet au peuple, partie faible de la société politique, de s'élever contre le pouvoir, est la compagne nécessaire de la faculté du divorce, véritable démocratie domestique, qui permet aussi à la partie faible de s'élever contre l'autorité maritale, et d'affaiblir ainsi l'autorité paternelle; et, pour retirer l'Etat des mains du peuple, comme dit Montesquieu, il faut commencer par retirer la famille des mains des femmes et les enfants [1]. »

Une fois ces principes admis, — ce qui est, il est vrai, la grosse affaire, — il s'ensuit que, si le peuple est souverain dans l'ordre domestique, en ce sens qu'il y a, dans chaque famille, un chef qui a son ministre, ses sujets, ses serviteurs, sa propriété, il n'est pas et ne peut pas être souverain dans l'ordre politique.

---

1. *Proposition sur le Divorce*, faite à la Chambre des Députés, 26 décembre 1815.

Dès lors, on s'explique que Bonald, imperturbablement, dénonce la démocratie comme une maladie organique du corps social, c'est-à-dire comme un état contraire aux lois les plus graves, les plus nécessaires, les plus divines. Et c'est précisément cette conviction qui l'amène à voir, dans les opinions démocratiques elles-mêmes « une faiblesse de l'esprit si elles sont sincères, et une faiblesse de caractère si elles ne le sont pas [1] : » double et singulière « faiblesse » qui tient encore sa philosophie en échec !

II

Entre la société domestique et la société politique il y a donc affinité; l'une et l'autre sont constituées monarchiquement. Ou du moins, elles doivent l'être, sous peine de s'opposer à la nature elle-même. Et comme Bonald n'est pas homme à s'arrêter en chemin, il étend cette affinité jusqu'à la société reli-

1. *La Société et ses développements*, janv. 1820.

gieuse. La vraie religion, c'est à dire le catholicisme, est, comme la famille, comme l'Etat, une monarchie. Entre cette monarchie religieuse et la monarchie politique, il y a, non seulement affinité, mais « identité parfaite de principes et de constitution. » L'une et l'autre s'appellent, s'attirent, se soutiennent. Ce sont des alliés naturels et nécessaires.

« On n'a qu'à jeter les yeux sur l'Europe et réfléchir à l'union naturelle qu'ont entre eux deux systèmes fondés également sur la nature de l'homme, dont l'un règle ses volontés et l'autre ses actions, pour se convaincre de l'influence réciproque qu'exercent l'un sur l'autre la religion et le gouvernement. Le catholicisme s'allie naturellement à l'unité du pouvoir politique, parce qu'il est un aussi, et le protestantisme penche vers la démocratie, parce qu'il est populaire comme elle, et qu'il établit dans l'Eglise l'autorité des fidèles, comme la démocratie établit dans l'Etat l'autorité des sujets ou la souveraineté; car c'est le presbytérianisme qui le premier en a fait un dogme politique. Le presbytérianisme est donc une démocratie religieuse, et la démocratie un presbytérianisme politique; c'est précisément ce qui a fait naître dans toute l'Europe tantôt la réformation au sein de la démocratie, tantôt la démocratie au sein de la réformation [1]. »

______

1. *Le Traité de Westphalie.*

S'il en est ainsi, les adversaires de la monarchie ne peuvent mieux faire, pour l'abolir plus sûrement et plus vite, que de frapper d'abord l'Eglise. Et les adversaires de l'Eglise doivent, s'ils veulent l'ébranler, commencer par détruire la monarchie. Bonald ne recule pas devant ces conséquences. Les libéraux de son temps ont, à ses yeux, très bien jugé

« la tendance qui entraîne de préférence les unes vers les autres certaines constitutions d'Etat et certaines constitutions de religion ; et s'ils avaient besoin à cet égard d'une nouvelle expérience, les diverses phases de la Révolution française leur en auraient fourni une preuve sans réplique, en leur montrant, dès 1789, les innovations religieuses concourant avec les nouveautés politiques ; l'athéisme, sous la Convention, s'associant à l'anarchie ; une sorte de religion naturelle, sous le nom de théophilanthrophie, inventée sous le gouvernement un peu moins désordonné du Directoire ; l'autel, enfin, entraîné sous les débris du trône, et le catholicisme renaissant avec la monarchie. Mais, sans recourir à cette expérience, ils voient dans toute l'Europe le calvinisme s'assimilant à la démocratie (et madame de Staël s'en fait gloire), même dans quelques lieux au despotisme, qui est la démocratie militaire ; en Angleterre, un calvinisme mitigé sous le nom de religion anglicane, s'unissant à une monarchie mixte, et, au moment présent, où la lutte des deux principes extrêmes de la démocratie et de la royauté semble agiter l'Angleterre, la religion se partager de la même manière entre le méthodisme, qui est un calvinisme rigide, et une secrète tendance au catholicisme. Ils en ont conclu avec raison que, ne pouvant attaquer de front une religion défendue par toutes les affections des peuples et par sa propre majesté, il fallait, pour l'ébranler, changer la forme du gouvernement, et qu'un gouvernement populaire conduirait nécessairement à une religion populaire, c'est à dire au presbytérianisme. Mirabeau, leur patron, qui en voulait plus à la politique qu'à la religion, disait qu'il fallait *décatholiciser* la France pour la *démonarchiser*. Ceux-ci, qui en veulent surtout à la religion, disent ou pensent qu'il faut *démonarchiser* la France pour la *décatholiciser* [1]. »

Il fallait citer en entier cette page : elle est si caractéristique! On ne pouvait en effet dire plus clairement, ni plus crûment, que l'Eglise et la démocratie sont naturellement et irréductiblement hostiles. Et comme de tels arguments sont à double portée, on ne pouvait justifier plus froidement la guerre acharnée que, sous prétexte de progrès politique, la Révolution et les révolutionnaires ont faite à

1. *Observations sur la Révolution française,* VIII : De la Religion.

l'idée et aux institutions catholiques. Rien ne montre donc mieux que ces thèses outrées — et d'ailleurs erronées — le mauvais service que rendent parfois à l'Eglise les apologistes les mieux intentionnés. Leurs raisons de croire deviennent, pour des générations entières, des raisons de douter, de nier, de blasphémer — et même de combattre sans merci une religion qui, en réalité, accorde également ses sympathies aux républiques comme aux monarchies, et qui se défend d'élever, contre n'importe quelle forme de gouvernement, aucune objection de principe [1].

III

Cette intransigeance de Bonald lui a cependant rendu quelques services.

S'il le prend de si haut avec le reste des hommes, c'est qu'il se croit en possession des lois naturelles et divines qui régissent le corps social. A la vérité, il y a peu de pensées aussi abstraites que la sienne. Son « Economique »

1. Voir aux *Documents*, § II : Doctrine de l'Eglise sur les constitutions politiques.

et sa sociologie sont de la dialectique pure. Sur quelques points, et lui même ne s'en défendait pas, elles s'achevaient presque en une sorte d'algèbre. Mais il a toujours protesté avec force contre la prétention d'avoir voulu créer un système. Un système n'est qu'une invention de l'esprit humain, invention fragile et toujours récusable. Bonald n'en voulait pas. Il voulait la vérité en ce qu'elle a de plus absolu. En même temps, il voulait rendre tangible la vérité. Comment y arriver ? Par l'expérience, par l'histoire, puisqu'on y trouve la trace des lois qui résultent de la nature même des sociétés. Ici, Bonald, par une voie un peu différente, rejoint de Maistre. De Maistre préconisait une « politique expérimentale »: Bonald rêve d'une « *politique pratique* ».

Notons toutefois que, s'il en appelle à l'autorité des faits, sa doctrine ne résulte aucunement de l'observation des faits. Son point de départ reste, au contraire, exclusivement théorique. L'histoire ne lui fournit qu'une vérification de ses propres principes :

« La Pologne et la Turquie, a-t-il écrit quelque part, périssent par des vices de constitution : toutes deux peuvent offrir aux publicistes un cours de politique pratique, à peu près comme ces cours de médecine clinique que l'on fait sur les malades eux-mêmes. Mais le lecteur nous permettra de lui rappeler ici des principes contenus dans quelques ouvrages politiques assez récents, *pour lui faire mieux sentir la vérité des principes dans la justesse de l'application* [1] ».

Voit-on bien la méthode ? Des principes, d'abord, principes obtenus par voie de raisonnement ; puis l'expérience, c'est-à-dire ces principes mêmes vérifiés par l'histoire. Mais si l'observation des faits, telle que l'entend Bonald, ne peut le conduire par elle-même à aucune découverte, elle peut au moins le confirmer dans ses propres convictions. Et en effet, Bonald y a vu la démonstration péremptoire des vérités qu'il possédait. Il a cru que le monde entier, tôt ou tard, la verrait comme lui. En attendant, il s'est plu à parler, non comme un docteur privé, mais comme l'interprète de la nature dont il formulait, commentait, et défendait les lois.

A un autre point de vue, son instinctive horreur pour les nouveautés, de quelque nature qu'elles fussent, l'a rendu plus attentif

1. *Sur l'état actuel de l'Europe, Mercure de France*, 1800.

aux maux que commençait à causer le développement de la grande industrie.

Bonald s'est toujours défié des richesses mobilières. Sa défiance venait de ce qu'elles acheminent, croyait-il, vers la démocratie les sociétés où elles affluent. En revanche, les occupations agricoles lui paraissaient s'harmoniser à merveille avec les institutions monarchiques.

« La famille monarchiquement constituée, où l'autorité du père de famille respectée de ses enfants passe après sa mort à l'aîné d'entre eux, sans que la paix en soit troublée entre les frères qui voient dans leur aîné le soutien de leur nom, le représentant de leur père, souvent la dernière ressource de leur vieillesse, s'unit naturellement au gouvernement monarchique de l'État ; et la stabilité, la régularité, la tranquillité, l'espoir de perpétuité et de conservation de ce gouvernement, convient aux habitudes paisibles, uniformes de la vie des champs; tandis, au contraire, que les familles industrielles et commerciales, avec leur esprit d'acquisitions et d'entreprises hasardeuses, avides de nouveautés et qui prospèrent dans les révolutions, s'accommodent beaucoup mieux de la turbulence et de la mobilité des gouvernements républicains ». [1]

1. *Économie sociale : De la richesse et du droit d'aînesse.*

Ce n'est pas au point de vue politique seulement, c'est aussi au point de vue économique que l'agriculture paraît à Bonald, supérieure de beaucoup à l'industrie. Le parallèle qu'il établit entre l'une et l'autre lui fournit, sous ce rapport, des observations très caractéristiques :

« L'agriculture nourrit ceux qu'elle a fait naître ; l'industrie a fait naître ceux qu'elle ne peut pas toujours nourrir.

L'enfant qui vient au monde dans une famille agricole trouve sa subsistance assurée d'avance, et la terre que ses parents cultivent et qu'il cultivera à son tour l'attendait pour lui donner du pain.

L'enfant qui naît dans une famille industrielle attend sa subsistance du salaire qu'il gagnera si son maître l'emploie, et si son industrie n'est pas traversée par les événements qui peuvent la faire languir ou chômer, et empêcher la vente de ses produits.

L'agriculteur vit de ses denrées, lors même qu'il ne les vend pas ; l'industriel ne peut vivre s'il ne vend pas les produits de son travail.

Ainsi, la famille agricole est, pour son existence, indépendante des hommes et des événements ; et la famille industrielle est pour la sienne dépendante des uns et des autres ». [1]

____

1 *Economie sociale : De la famille et du droit d'aînesse*

Cette instabilité et cette misère endémique des populations industrielles avaient frappé Bonald ; et il s'en faisait un argument en faveur de ses convictions politiques. « Les gens à argent », aimait-il à dire, assez dédaigneusement, « achètent le pouvoir fort bon marché de ceux à qui ils vendent fort cher le sucre et le café ». Et comme c'est en Angleterre surtout que triomphait cette « industrie cosmopolite », et que l'Angleterre était considérée par tous les libéraux d'alors comme le « paradis de l'Europe », il prend plaisir à souligner les maux dont souffrait le pays de leurs rêves. [1]

« Il y a aussi en Angleterre, malgré la richesse nationale, plus de misère individuelle que partout ailleurs ; et M. Morton Eden, dans son *Traité de mendicité*, et M. Malthus, dans son *Essai sur le principe de la population*, entrent à cet égard dans des détails qui paraissent à peine croyables. Je sais qu'une philosophie libérale traitera cette considération de superficielle, et qu'elle m'opposera la perfection des arts, la circulation, le crédit, etc. etc. Mais je ne conçois pas, je l'avoue, la richesse publique comme une chose abstraite et sans appli-

---

1. Comparer ce jugement de défiance sur l'Angleterre économique et politique au jugement très optimiste de J. de Maistre sur l'avenir religieux de l'Angleterre. (*Du Pape*, conclus.)

cation à une très grande partie des individus. *J'aimerais mieux dans un État moins de millionnaires et moins de gens à la charge de la paroisse ; et le devoir d'un gouvernement est de perfectionner les hommes au moral comme au physique, plutôt que de perfectionner les machines. »* [1]

On ne sera pas tenté de trouver ce jugement sévère, si on se rappelle les faits nombreux et douloureux qui le motivaient alors, et qui, trop souvent, le rendent encore aujourd'hui d'une actualité si poignante. En ces quelques lignes, Bonald formule quelques-uns des principes fondamentaux de toute action sociale : sans l'ombre d'une hésitation, il place l'homme avant la richesse et change du tout au tout le but que l'économie politique d'alors assignait aux nations au nom d'une prétendue science, science inhumaine, science meurtrière ; il se refuse à considérer la richesse publique comme une abstraction et nie qu'un peuple soit prospère si la misère navrante d'un grand nombre d'individus est la rançon de cette soit-disant prospérité ; il oriente enfin vers le perfectionnement « moral et physique » des hommes l'action des gouvernements ; et,

1. *Observations sur la Révolution française*, § VI : De l'Angleterre.

sous ce rapport, il mérite donc d'être mis au premier rang de ceux qui ont préparé les esprits à des réformes nécessaires.

A-t-il eu l'idée nette des moyens à prendre pour mettre un terme à la désorganisation qu'il observait autour de lui? Il n'a pas exclu, en tout cas, de l'admiration qu'il avait vouée au passé, les anciennes corporations d'arts et métiers. Il a su y voir la manifestation d'un besoin impérieux et en même temps, d'un droit :

« Comme la nature classe les hommes par familles, la société doit classer les hommes par corps ou corporations, et l'on ne saurait croire avec quelle force les mêmes professions tendent à faire corps. Cet esprit de corps s'aperçoit dans les métiers les plus vils. De là les corporations de professions mécaniques, connues sous le nom de jurandes ou maîtrises, reçues dans tous ces États chrétiens, et dont la philosophie, ce dissolvant universel, n'avait cessé de poursuivre la destruction, sous de vains prétextes d'une concurrence qui n'a tourné au profit ni du commerçant honnête, ni des arts, ni des acheteurs ». [1]

Et Bonald énumère les avantages multiples de cette institution avec une complaisance

1. *Législation primitive*, part. III, ch. IV.

d'autant plus marquée que, fidèle à son habitude d'identifier tout ce qui lui paraît juste et bon avec le gouvernement de ses rêves, il y voit et s'applique à y montrer une « institution tout à fait monarchique. »[1]

Des théorèmes et des observations de Bonald, que nous reste-t-il aujourd'hui ? Il nous reste au moins l'indice, sinon la formule exacte et complète d'une méthode qui, appliquée par lui aux relations économiques, lui a permis d'obtenir quelques heureux résultats, et qui, reprise et précisée par d'autres, en produira de plus saillants encore. Ses raisonnements, loin d'arrêter le mouvement révolutionnaire, l'ont plus d'une fois accéléré en lui fournissant de trop faciles prétextes. Ses observations, en revanche, lui ont permis de se rendre compte, sur quelques points, des vraies fins et des vraies conditions de la vie sociale. Et ceci vaut mieux que cela !

1. *Pensée* : La Cité.

CHAPITRE II

LES LIBÉRAUX

I. — CHATEAUBRIAND

Comme de Maistre et Bonald, ses contemporains, Chateaubriand est attiré de bonne heure par les problèmes politiques, sociaux et religieux. Un an avant la publication de la *Théorie du Pouvoir*, et l'année même où paraissent les *Considérations sur la France* (1796), s'imprime à Londres un *Essai historique, politique et moral sur les Révolutions anciennes et modernes* : c'est le premier livre de Chateaubriand, un « mauvais livre », dira-t-il lui-même, trente ans plus tard, en le rééditant. La sévérité de ce jugement ne laisse pas d'être significative : elle prouve, à tout le moins, et non sans élo-

quence, que, de sa jeunesse à son âge mûr, et
même au-delà, Chateaubriand a évolué. Mais,
jusque dans cette évolution, quelle différence
avec de Maistre et Bonald ! Différence de
principes, d'orientation, de conclusions : du
commencement à la fin, on vit avec lui dans
une tout autre atmosphère. Au début, il dissocie ce qu'ils unissent ; plus tard, et en
pleine possession de toutes ses forces, il unira
ce qu'ils séparent.

I

Au cours de sa première étape, Chateaubriand peut se définir en trois mots : il est
monarchiste, il n'est pas chrétien, il est libéral.

Il est monarchiste, il estime que la monarchie est le seul gouvernement qui convienne
à la France ; et il le dit sans ambages :

« ... Et vous, ô mes concitoyens, vous qui gou-
vernez cette patrie si chère à mon cœur, réflé-

chissez ; voyez s'il est dans toute l'Europe une nation digne de la démocratie ! Rendez le bonheur à la France en la rendant à la monarchie où la force des choses vous entraîne... » [1]

Encore quelques années, et Chateaubriand interprètera tout autrement la « force des choses » ; en attendant, il est monarchiste : mais qu'on ne le confonde pas avec ceux qui rivent le trône à l'autel ! Au contraire ! Il n'est pas chrétien ; il se demande même, très froidement, dans l'un des derniers et des plus curieux chapitres de son *Essai*, « quelle sera la religion qui remplacera le christianisme ». S'il est monarchiste, ce n'est donc point en qualité de catholique ; c'est parce que la France ne lui paraît pas encore — qu'on remarque cette expression — « *digne de la démocratie* ». Et la démocratie n'est donc pas l'erreur, le mal, la folie « satanique » ; elle représente, à ses yeux, un idéal vers lequel il faut se hausser, et que tous ne peuvent atteindre d'emblée. Et voilà qui nous éloigne déjà beaucoup de de Maistre et de Bonald !

1. *Essai*, liv. Iᵉʳ, 1ᵉ part., ch. LXX. — Voir, dans le même sens, le chap. LXVIII : « Différence générale entre notre siècle et celui où s'opéra la révolution républicaine de la Grèce. »

Enfin, il est, par surcroît, libéral. Il l'est, dès sa jeunesse, ingénûment et follement. « On se vante d'aimer la liberté, dit-il, et personne n'en a une juste idée », — excepté lui, évidemment ! En effet, qui donc est libre ? Un seul homme, ou plutôt une seule espèce d'hommes : le Sauvage. Ces « bons » sauvages, il ne les aime pas, il les envie ! Voyez les impressions que lui laisse une « nuit chez les sauvages de l'Amérique » :

« Ici, plus de chemins à suivre, plus de villes, plus d'étroites maisons, plus de présidents de républiques, de rois, surtout plus de lois, et plus d'hommes. Des hommes ? Si : quelques bons Sauvages qui ne s'embarrassent pas de moi, ni moi d'eux ; qui, comme moi encore, errent libres où la pensée les mène, mangent quand ils veulent, dorment où et quand il leur plaît. »

Il n'en faut pas plus à Chateaubriand pour trouver qu'il est « rétabli dans ses droits originels », et pour goûter profondément, chez « les nations indiennes du Canada », cette indépendance naturelle dont Rousseau lui a fait comprendre les charmes, — car, évidemment, Rousseau n'y est pas étranger. Là, dit-il, et il le dit sans sourire, « je compris pourquoi pas un Sauvage ne s'est fait Européen, et pourquoi plusieurs Européens se sont faits Sauvages » [1].

Chateaubriand, lui, *s'européanisera*. Mais, tout de même, lorsque l'on est à ce point soucieux de son indépendance, et que, par surcroît, l'on est monarchiste, il est difficile de s'attacher immodérément à une monarchie absolue. Au fait, il ne s'y attachera jamais. Il trouvera même assez vite le moyen de rester tout à la fois monarchiste et libéral : il deviendra le champion de la monarchie constitutionnelle. Il sera néanmoins plus libéral que monarchiste. Et, dès le jour où il s'apercevra que le christianisme exerce une influence bienfaisante, non seulement sur la poésie, les beaux-arts, la morale, mais sur la vie sociale tout entière, cette influence lui apparaîtra surtout comme libératrice. Il unira, dans ses aspirations et dans son culte, la religion et la liberté.

Aux dernières pages du *Génie du Christianisme*, on trouve déjà des traces très nettes de cette préoccupation :

« Rechercher l'influence du génie du christia-

1. *Essai*, liv. 1er, IIe part., ch. LVII et dernier. Dans ce chapitre, Chateaubriand qualifie de « sublime » le *Discours sur l'inégalité des conditions*.

nisme sur les lois et sur les gouvernements, comme nous l'avons fait pour la morale et la poésie, ce serait, écrit-il, le sujet d'un fort bel ouvrage. Nous indiquerons seulement la route... » [1].

Les indications que donne Chateaubriand sont, il est vrai, très succinctes, mais très claires : il en résulte que la participation simultanée du roi, des nobles et du peuple au gouvernement dans la monarchie constitutionnelle était regardée par Tacite comme impraticable et chimérique ; le christianisme seul a permis de la réaliser.

Longtemps, Chateaubriand resta fidèle à ce point de vue. Lui-même a signalé, dans une page importante de sa Préface pour la réédition de l'*Essai*, la valeur apologétique qu'il y attachait ; la page tout entière mérite d'être citée :

« Je ne redeviendrai incrédule que quand on m'aura démontré que le christianisme est incompatible avec la liberté ; alors je cesserai de regarder comme véritable une religion opposée à la dignité de l'homme. Comment pourrais-je le croire émané du ciel, un culte qui étoufferait les senti-

____

1. *Génie du Christianisme*, IV⁰ part., l. VI, § XI. — Voir la même observation dans l'Avant-propos des *Études et Discours historiques* (1831).

ments nobles et généreux, qui rapetisserait les âmes, qui couperait les ailes du génie, qui maudirait les lumières au lieu d'en faire un moyen de plus pour s'élever à l'amour et à la contemplation des œuvres de Dieu ? Quelle que fût ma douleur, il faudrait bien reconnaître malgré moi que je me repaissais de chimères : j'approcherais avec horreur de cette tombe où j'avais espéré trouver le repos, et non le néant.

Mais tel n'est point le caractère de la vraie religion ; *le christianisme porte pour moi deux preuves manifestes de sa céleste origine : par sa morale il tend à nous délivrer des passions; par sa politique il a aboli l'esclavage. C'est donc une religion de liberté : c'est la mienne.*

En vain les hommes qui combattent la monarchie constitutionnelle nous disent qu'elle nous mènera au protestantisme, que le protestantisme à son tour nous conduira à la république, parce que le protestantisme, qui est l'indépendance en matière de religion, produit le républicanisme, qui est l'indépendance en matière de politique : cette assertion est repoussée par les faits. L'Allemagne est-elle républicaine, parce qu'elle est en partie protestante ? Les gouvernements les plus absolus ne se rencontrent-ils pas en Allemagne, tandis que plusieurs cantons de la Suisse sont catholiques ? Venise et Gênes n'étaient-elles pas catholiques ? La population catholique des États-Unis n'augmente-t-elle pas d'une manière incroyable sans troubler l'ordre établi ? Toutes les nouvelles républiques espagnoles ne sont-elles pas catholiques, et le clergé de ces républiques, à quelques exceptions près, ne s'est-il pas montré plein de zèle dans la cause de l'indépendance?

Il n'est donc pas vrai que la religion protestante soit plus favorable à la cause de la liberté que la religion catholique. Croire que notre liberté ne sera assurée que quand nous serons protestants, espérer que la monarchie absolue reviendrait si l'on rendait au clergé catholique son ancien pouvoir politique, c'est une égale erreur. Les uns, à leur grand étonnement, pourraient voir la France protestante sous telle constitution despotique empruntée de telle principauté d'Allemagne, et les autres pourraient se réveiller républicains avec un clergé catholique, des moines mendiants, et des ordres religieux de toutes sortes.

Laissons donc là les théories pour ce qu'elles valent : en histoire comme en physique, ne prononçons que d'après les faits. Ne calomnions ni les protestants ni les catholiques; n'allons pas supposer que les premiers sont animés d'un esprit révolutionnaire, les seconds abrutis par un esprit de servitude. Renfermons-nous dans cet axiôme : il n'y a point de véritable religion sans liberté, ni de véritable liberté sans religion ».

« *En histoire comme en physique ne prononçons que d'après les faits* » : on reconnaît ici une formule familière à de Maistre et à Bonald. Il est à la fois curieux et significatif de la retrouver sous la plume de Chateaubriand. Mais si, de part et d'autre, le critérium est le même, la doctrine diffère du tout au tout. En effet, c'est à Bonald lui-même que Chateaubriand fait allusion dans tout ce passage, où il n'en parle que pour le réfuter ; et il lui suffit, pour le réfuter, en même temps que pour établir la parfaite compatibilité du catholicisme et de la « liberté », d'en appeler, comme Bonald lui-même, aux faits, en retournant contre lui sa propre méthode.

II

Comme catholique et comme monarchiste, Chateaubriand s'inspire du même principe : le catholicisme est une religion libératrice, et une monarchie constitutionnelle, c'est la monarchie libérale ; de part et d'autre, la liberté l'attire et le retient.

Le jour vint cependant où il crut voir, dans la monarchie constitutionnelle, une halte provisoire et non un établissement durable : la liberté survivrait, mais sous d'autres formes. Dans son premier écrit, il avait cherché à démontrer que, « dans l'état des mœurs du siècle, la république est impossible. Malheureusement, observera-t-il dès 1836, je n'ai plus la même conviction ». [1] Ce n'est plus, comme alors, vers la monarchie que la « force des choses », ou, comme il dit à présent, la Providence lui paraît entraîner le monde, c'est vers la démocratie. Avec quelle incomparable magnificence il s'en explique, il faut, pour le bien comprendre, relire la célèbre conclusion de ses mémoires sur le *Congrès de Vérone*, publiés en 1838 :

« Tant d'hommes et de choses ont passé devant moi ; j'ai tant vu faire d'inutiles efforts pour arrêter un monde qui se retire, que je me suis demandé s'il était possible de changer les conseils de la Providence. Ces temps d'arrêt, pendant lesquels les peuples haletants se reposent, ne peuvent être pris pour des pas en arrière que par des esprits superficiels, des désirs aveugles et des positions faites. Royauté et aristocratie sont deux choses qui survivent ; elles ne vivent pas : l'idée démocratique creuse, l'égalité croît, le Mineur est sous les trônes ; quand la galerie souterraine sera finie, la fougasse chargée, l'étincelle mise à la poudre, les remparts voleront en l'air, et les peuples entreront par les brèches des murs écroulés. On ne se défend point de l'invasion des années avec des souvenirs : Sabinus vainement entassa les statues des ancêtres sur le seuil des portes du

1. Préface pour la réédition de l'*Essai*.

Capitole pour empêcher l'ennemi d'y pénétrer la torche à la main ; les Aigles mêmes qui soutenaient les voûtes s'embrasèrent et mirent le feu à l'édifice, leur nid paternel.

Au-dessus des fluctuations terrestres, il est une loi constante, irrésistible, établie de Dieu, solitaire comme lui ; elle emporte nos révolutions bornées en accomplissant une Révolution immense, de même que le mouvement général de l'Univers domine les mouvements particuliers des sphères : les Sociétés meurent comme les Individus. Dorénavant, indépendant de ces sociétés transitoires et variables, je ne reconnais plus que l'autorité mystérieusement souveraine, attachée par le Christ aux branches de la croix avec la liberté première. Mieux vaut relever du ciel que des hommes : la Religion est le seul pouvoir devant lequel on peut se courber sans s'avilir. »

Chateaubriand ne s'attache pas à donner une description précise et méthodique de l'état de choses nouveau qu'il entrevoit et qu'il annonce. Il l'annonce, voilà tout. Il prophétise, lui aussi, à sa façon. De Maistre et Bonald se plaisent à devancer le temps et à prédire l'avenir : ils se basent sur la valeur absolue qu'ils reconnaissent aux lois dont ils ont cru trouver l'expression dans les faits. Chateaubriand est plutôt frappé par le caractère impétueux, irrésistible et providentiel du mouvement dont les autres s'effraient et qu'il bénit. De Maistre et Bonald entendent bien parler en savants ; Chateaubriand parle en politique et en poète.

Tout poète qu'il est, il n'ignore pas que des changements si graves auront des répercussions, non seulement dans l'ordre civil, mais aussi dans l'ordre économique. Une fois ruinée et renversée la hiérarchie des rangs, la hiérarchie des fortunes se maintiendra-t-elle ? Il se le demande, il parle d'une « invasion prochaine et rapide de la propriété ». Il n'en parle pas, d'ailleurs, sans quelque effroi :

« Au train dont nous allons, les fermiers demanderont bientôt au possesseur du sol pourquoi ils labourent ses friches, tandis que lui se promène les bras croisés, pourquoi ils n'ont qu'une blouse de toile, tandis qu'il porte une redingote de laine. La propriété industrielle n'est pas plus à l'abri que la propriété territoriale. Faites donc aujourd'hui, après l'affaire de Lyon, que le fabricant soit le maître dans sa fabrique, que ses ouvriers ne lui demandent pas, si bon leur semble, d'entrer le samedi en partage des profits de la semaine ? Faudra-t-il établir une garnison de vingt-six mille hommes dans chaque ville manufacturière, et mettre un soldat en faction devant chaque aune de ruban ou de drap ? Mais que dis-je ? Faites donc que vous soyez roi, ministre et le reste, sinon pour rire, et tant qu'il plaira à votre voisin. *Un temps viendra où l'on ne concevra pas qu'il fut un ordre social dans lequel un homme comptait un million de revenu, tandis qu'un autre homme n'avait pas de quoi payer son dîner.* Un noble marquis et un gros propriétaire paraîtront des personnages fabuleux, des êtres de raison [1] ».

A d'autres moments, c'est plutôt de la coexistence de la misère et de l'irréligion qu'il voyait surgir le péril :

« Pour ne toucher qu'un point entre mille, la propriété restera-t-elle distribuée comme elle l'est ? La royauté née à Reims avait pu faire aller cette propriété en en tempérant la rigueur par la diffusion de lois morales, comme elle avait changé l'humanité en charité. Un Etat politique où des individus ont des millions de revenu, tandis que d'autres individus meurent de faim, peut-il subsister quand la religion n'est plus là avec ses espérances hors de ce monde pour expliquer le sacrifice ? Il y a des enfants que leurs mères allaitent à des mamelles flétries, faute d'une bouchée de pain pour sustenter leurs expirants nourrissons ; il y a des familles dont les membres sont réduits à s'entortiller ensemble pendant la nuit faute de couverture pour se réchauffer. Celui-là voit mûrir ses nombreux sillons ; celui-là ne possède que six pieds de terre prêtés à sa tombe par son pays natal. Or,

---

1. Lettre aux Rédacteurs de la *Revue européenne*, (1831) ; nº 4, p. 7.

combien six pieds de terre peuvent-ils fournir d'é-
pis de blé à un mort ? [1] »

III

Il ne faut pas demander à Chateaubriand
comment s'accompliront les changements qu'il
prévoit, et dont il ne cherche même pas à dé-
terminer, d'une façon précise, la forme et les
conditions. Il lui importait surtout, de ne pas
contrarier, par une opposition intempestive,
l'orientation providentielle du monde vers la
démocratie. Il souhaitait même qu'on la secon-
dât sans arrière-pensée en allant, d'un pas
alerte et joyeux, au-devant de l'avenir.

On connaît le rêve grandiose qu'il a consi-
gné dans le dernier livre de ses *Mémoires
d'Outre-tombe* :

« Si j'avais été, écrit-il, gouverneur du jeune
prince (le futur Henri V), je me serais efforcé de
gagner sa confiance. Que, s'il eût recouvré sa cou-

1. *Mémoires d'Outre-tombe*, concl. § Inégalité des fortunes.

ronne, je ne lui aurais conseillé de la porter que
pour la déposer au temps venu. J'eusse voulu voir
les Capets disparaître d'une façon digne de leur
grandeur. Quel beau, quel illustre jour que celui
où, après avoir relevé la religion, perfectionné la
constitution de l'État, élargi les droits des citoyens,
rompu les derniers liens de la presse, émancipé
les communes, détruit le monopole, balancé équi-
tablement le salaire avec le travail, raffermi la
propriété en en contenant les abus, ranimé l'industrie, diminué l'impôt, rétabli notre honneur
chez les peuples, et assuré, par des frontières reculées notre indépendance contre l'étranger; quel
beau jour que celui-là où, après toutes ces choses
accomplies, mon élève eût dit à la nation solennellement convoquée : Français, votre éducation est
finie avec la mienne ! Mon premier aïeul, Robert
le Fort, mourut pour vous, et mon père a demandé
grâce pour l'homme qui lui arracha la vie. Mes
ancêtres ont élevé et formé la France à travers la
barbarie. Maintenant la marche des siècles, le progrès de la civilisation ne permettent plus que vous
ayez un tuteur. Je descends du trône, je confirme
tous les bienfaits de mes pères en vous déliant de
vos serments à la monarchie.

Dites, ajoute Chateaubriand, si cette fin n'aurait
pas surpassé ce qu'il y a de plus merveilleux dans
cette race ? Dites si jamais temple assez magnifique aurait pu être élevé à sa mémoire ? Comparez-
la, cette fin, à celle que feraient les fils décrépits
d'Henri IV accrochés obstinément à un trône sub-
mergé dans la démocratie, essayant de conserver
le pouvoir à l'aide de mesures de police, des

moyens de violence, des voies de corruption, et traînant quelques instants une existence dégradée. « Qu'on fasse mon frère roi, disait Louis XIII enfant,... moi je ne veux pas être roi. Henri V n'a d'autre frère que son peuple; qu'il le fasse roi ».

Si un tel rêve a pu séduire l'imagination héroïque de Chateaubriand, combien la réalité a dû le blesser! La réalité, c'était la démocratie établie et organisée de haute lutte, malgré les résistances les plus tenaces, à travers mille obstacles dont les moindres n'étaient pas ceux qui lui viendraient d'elle-même. Quelle puissance assez sûre d'elle-même et assez respectée saurait dompter, discipliner, assouplir ces forces rebelles et presque sauvages? Le christianisme. Le christianisme a commencé dans les catacombes, et, de là, s'est répandu dans le monde; on le voit aujourd'hui se replier, se concentrer, s'apprêter même à redescendre dans les catacombes; mais il en sortira de nouveau :

« Le christianisme retournera à l'obscurité des cryptes qu'avaient reproduite nos basiliques du moyen-âge: il se replongera dans le tombeau du Sauveur pour y rallumer son flambeau, pour y ressusciter au jour glorieux d'une nouvelle Pâques et changer une seconde fois la face de la terre [1]. »

Qu'il n'y ait de salut pour le monde que dans le christianisme, Chateaubriand l'a dit magnifiquement dans les pages qui servent de conclusion aux *Mémoires d'Outre-tombe*. Et il ne s'agissait point à ses yeux d'une forme vague et imprécise de christianisme, mais du christianisme catholique.

Le catholicisme est loin d'avoir achevé sa tâche. Il renferme les trois grandes lois du monde : la loi divine, ou l'unité de Dieu en trois personnes; la loi morale, ou la charité; la loi politique, ou la liberté, l'égalité, la fraternité.

Or, de ces trois lois, les deux premières ont seules reçu leur développement : l'Eglise a délivré la société des abominations de l'idolâtrie et de l'esclavage. Reste la troisième, la loi politique :

« Loin d'être à son terme, la Religion du Libérateur entre à peine dans sa troisième période, la période politique, liberté, égalité, fraternité. L'Evangile, sentence d'acquittement, n'a pas été lu

1. *Lettres aux Rédacteurs de la Revue européenne*, (1831) *loc. cit.*, p. 10.

encore à tous ; nous en sommes encore aux malédictions prononcées par le Christ : « Malheur à vous qui chargez les hommes de fardeaux qu'ils ne sauraient porter, et qui ne voudriez pas les avoir touchés du bout du doigt ! »

Le christianisme, stable dans ses dogmes, est mobile dans ses lumières ; sa transformation enveloppe la transformation universelle ; quand il aura atteint son plus haut sommet, les ténèbres achèveront de s'éclaircir ; la liberté, crucifiée sur le Calvaire, avec le Messie, en descendra avec lui ; elle remettra aux nations ce nouveau testament écrit en leur faveur et jusqu'ici entravé dans ses clauses. Les gouvernements passeront, le mal moral disparaîtra, la réhabilitation annoncera la consommation des siècles de mort et d'oppression nés de la chute ».

Chateaubriand se garde bien d'annoncer comme prochain un avenir si radieux ; il affirme seulement, qu'il se réalisera, car « l'idée chrétienne est l'avenir du monde [1] ».

---

1. *Mémoires d'Outre-tombe*, conclusion. — Nous reproduisons ce texte *in-extenso* aux *Documents*, § III.

IV

Depuis sa jeunesse, Chateaubriand a fait du chemin. La monarchie lui semblait imposée par la force même des choses : à présent, c'est la démocratie qui lui parait inévitable et imminente. Il se demandait quelle religion remplacerait le christianisme : il déclare maintenant que le christianisme seul est capable d'expliquer et de réaliser les aspirations les plus vitales de ses contemporains, et même celles des siècles futurs. Il était libéral : il continue de l'être ; mais la liberté qu'il rêve n'est plus l'indépendance naturelle du « bon » sauvage ; il sait quel joug les passions imposent aux plus « indépendants » des hommes et il sait aussi quelle force peut délivrer de ce joug.

On ne s'étonnera donc pas qu'il conçoive autrement qu'en 1802 l'influence et le « génie » du christianisme. Quelle apologie il souhaiterait qu'on en fît, du point de vue même où l'avait amené le mouvement complexe de sa pensée, et comment il se représentait un exposé des ressources morales et sociales que le christianisme peut offrir aux démocraties, il n'est pas sans intérêt de le lui entendre dire :

« En supposant que l'opinion religieuse existât telle qu'elle est à l'heure où j'écris maintenant, le *Génie du Christianisme* étant encore à faire, je le composerais tout différemment : au lieu de rappeler les bienfaits et les institutions de notre religion au passé, je ferais voir que le christianisme est la pensée de l'avenir et de la liberté humaine ; que cette pensée rédemptrice et messie est, le seul fondement de l'égalité sociale ; qu'elle seule la peut établir, parce qu'elle place auprès de cette égalité la nécessité du devoir, correctif et régulateur de l'instinct démocratique...

Je ferais voir que partout où le christianisme a dominé, il a changé l'idée, il a rectifié les notions du juste et de l'injuste, substitué l'affirmation au doute, embrassé l'humanité entière dans ses doctrines et ses préceptes. Je tâcherais de deviner la distance où nous sommes encore de l'accomplissement total de l'Evangile, en supputant le nombre des maux détruits et des améliorations opérées dans les dix-huit siècles écoulés de ce côté-ci de la croix.

Le christianisme agit avec lenteur parce qu'il agit partout ; il ne s'attache pas à la réforme d'une société particulière, il travaille sur la société générale ; sa philantropie s'étend à tous les fils d'Adam : c'est ce qu'il exprime avec une merveilleuse simplicité dans ses oraisons les plus communes, dans ses vœux quotidiens, lorsqu'il dit à la foule dans le temple : « Prions pour tout ce qui souffre sur la terre ». Quelle religion a jamais parlé de la sorte ? Le Verbe ne s'est point fait chair dans l'homme de plaisir, il s'est incarné à l'homme de douleurs, dans le but de l'affranchissement de tous, d'une fraternité universelle et d'une salvation immense [1] ».

On le voit : la préoccupation de Chateaubriand reste la même. Mais ce ne sont plus les beautés du dogme, de la morale et du culte qu'il tient à faire ressortir. Il aperçoit la nécessité d'une apologétique sociale. Après avoir montré que le catholicisme est une religion aimable, il se soucie à présent d'établir que c'est une religion salutaire. Et pour se faire mieux comprendre d'un temps que passionnent les institutions démocratiques, il voudrait prouver que les principes de liberté, d'égalité et de fraternité qui commandent ces institutions datent de l'Evangile; et c'est donc la religion issue de l'Evangile qui aidera le mieux à les réaliser. Qu'est-ce que cela, sinon l'ébauche d'une sorte de Génie social du christianisme?

1. *Mémoires d'Outre-tombe*, II° part., liv. I", (ad fin.) (Ed. Biré, t. II, p. 290-1.)

II. — TOCQUEVILLE

Envoyé, sur sa demande, en mission offi-
cielle aux Etats-Unis, au lendemain de la Révolution de 1830, Alexis de Tocqueville y étudie,
comme il en était chargé, le système pénitentiaire. Mais, de plus, il y consigne dans ses
notes une série d'observations, d'impressions,
de souvenirs d'où sortira bientôt son ouvrage :
La Démocratie en Amérique. Pouvait-il, au
cours de telles recherches, perdre de vue la
démocratie française? C'est elle seule, au fond,
qui, du commencement à la fin, le préoccupe.
Et, tandis que de Maistre et Bonald, partant
des lois naturelles et divines des sociétés, con-
damnent sans merci la Révolution qui s'en
écarte, Tocqueville, comme Chateaubriand son

allié et son ami, renverse entièrement ce point de vue : dans l'impétuosité même du fait démocratique il voit un fait providentiel et demande à ses contemporains de ne pas contrarier, en le combattant, l'action divine elle-même.

I

C'est dans l'introduction placée en tête de la première édition de ce grand ouvrage que Tocqueville a, sur ce point, exposé le plus nettement sa pensée. Écoutons-le lui-même :

« Une grande révolution démocratique s'opère parmi nous : tous la voient; mais tous ne la jugent pas de la même manière. Les uns la considèrent comme une chose nouvelle; et, la prenant pour un accident, ils espèrent pouvoir encore l'arrêter; tandis que d'autres la jugent irrésistible parce qu'elle leur semble le fait le plus continu, le plus ancien et le plus permanent que l'on connaisse dans l'histoire. »

Et Tocqueville, après avoir passé en revue, très rapidement, les principaux faits de l'histoire de France, s'applique à y montrer une tendance marquée et progressive vers une plus grande égalité des conditions :

« Partout on a vu les divers incidents de la vie des peuples tourner au profit de la démocratie ; tous les hommes l'ont aidée de leurs efforts : ceux qui avaient en vue de concourir à ses succès, et ceux qui ne songeaient point à la servir ; ceux qui ont combattu pour elle et ceux mêmes qui se sont déclarés ses ennemis ; tous ont été poussés pêle-mêle dans la même voie, et tous ont travaillé en commun, les uns malgré eux et les autres à leur insu, aveugles instruments dans les mains de Dieu.

Le développement graduel de l'égalité des conditions est donc un fait providentiel, il en a les principaux caractères ; il est universel, il est durable, il échappe chaque jour à la puissance humaine ; tous les événements comme les hommes servent à son développement.

Serait-il sage de croire qu'un mouvement social qui vient de si loin pourra être suspendu par les efforts d'une génération ? Pense-t-on qu'après avoir détruit la féodalité et vaincu les rois, la démocratie reculera devant les bourgeois et les riches ? S'arrêtera-t-elle, maintenant qu'elle est devenue si forte, et ses adversaires si faibles ? »

La vue de cette révolution irrésistible qui, depuis tant de siècles, marche et progresse à travers les obstacles les plus difficilement surmontables, inspire à Tocqueville une sorte de

terreur religieuse. La démocratie s'impose ;
donc elle vient de Dieu ; c'est à ses yeux la
plus évidente des vérités.

« Il n'est pas nécessaire que Dieu parle lui-même
pour que nous découvrions des signes certains de
sa volonté ; il suffit d'examiner quelle est la marche
habituelle de la nature et la tendance continue des
événements. Je sais, sans que le Créateur élève la
voix, que les astres suivent dans l'espace les cour-
bes que son doigt a tracées.

Si de longues observations et des méditations
sincères amenaient les hommes de nos jours à
reconnaître que le développement graduel et progressif de l'égalité est à la fois le passé et l'avenir
de leur histoire, cette seule découverte donnerait
à ce développement le caractère sacré de la volonté
du Souverain Maître. Vouloir arrêter la démocratie paraîtrait alors lutter contre Dieu même, et il
ne resterait aux nations qu'à s'accommoder à l'é-
tat social que leur impose la Providence. »

II

De ce que la démocratie est un fait providentiel, Tocqueville se garde bien d'en conclure qu'il faut subir toutes ses exigences et

céder à tous ses instincts. Au contraire, il veut qu'on l'instruise, qu'on ranime ses croyances, qu'on purifie ses mœurs, qu'on l'initie à la science des affaires et à l'art du gouvernement. Et c'est même, à ses yeux, le premier des devoirs pour quiconque exerce quelque influence. Mais c'est aussi, trop souvent, le dernier des devoirs dont l'on se soucie. Dès lors, qu'est-il arrivé ? La démocratie s'est élevée elle-même ; elle a grandi dans la rue au souffle agité des vices et au contact de la misère. Et beaucoup de ceux qui n'ont rien fait pour favoriser son éducation lui jettent l'anathème. C'est, pour Tocqueville, un mystère qui le déconcerte :

« Je cherche en vain dans mes souvenirs ; je ne trouve rien qui mérite d'exciter plus de douleur et de pitié que ce qui se passe sous nos yeux ; il semble qu'on ait brisé de nos jours le lien naturel qui unit les opinions aux goûts et les actes aux croyances ; la sympathie qui s'est fait remarquer de tout temps entre les sentiments et les idées des hommes paraît détruite, et l'on dirait que les lois de l'analogie morale soient abolies.

On rencontre encore parmi nous des chrétiens pleins de zèle, dont l'âme religieuse aime à se nourrir des vérités de l'autre vie ; ceux-là vont s'animer sans doute en faveur de la liberté humaine, source de toute grandeur morale. Le christianisme qui a rendu tous les hommes égaux devant Dieu ne répugnera pas à voir tous les citoyens égaux devant la loi. Mais, par un concours étrange d'événements, la religion se trouve momentanément engagée au milieu des puissances que la démocratie renverse, et il lui arrive de repousser l'égalité qu'elle aime, et de maudire la liberté comme une adversaire, tandis qu'en la prenant par la main, elle pourrait en sanctifier les efforts. »

D'autres se passionnent avant tout pour la liberté; la religion pourrait les aider; mais qu'arrive-t-il?

« Ils ont aperçu la religion dans les rangs de leurs adversaires; c'en est assez pour eux; les uns l'attaquent et les autres n'osent la défendre...

Où en sommes-nous donc ?

Les hommes religieux attaquent la liberté, et les amis de la liberté attaquent les religions; des esprits nobles et généreux vantent l'esclavage, et des âmes basses et serviles préconisent l'indépendance; des citoyens honnêtes et éclairés sont ennemis de tous les progrès, tandis que des hommes sans patriotisme et sans mœurs se font les apôtres de la civilisation et des lumières [1]. »

Toute sa vie, Tocqueville a cherché à apaiser ce conflit douloureux. De tous les maux

1. *La Démocratie en Amérique*, t. Iᵉʳ, Introduction, p. LXIX.

dont souffrait la société de son temps, aucun ne lui parut plus déplorable que cette opposition des amis de la religion et des amis de la démocratie et de la liberté ; séparation anormale, malfaisante, et, — c'était sa conviction la plus intime, — contraire aux plus visibles desseins de Dieu! Aucune entreprise non plus ne lui parut plus belle et plus féconde que de travailler à rapprocher ces forces que les idées et les mœurs séparaient et opposaient.

CHAPITRE III

SUR LES CONFINS DE L'ORTHODOXIE

Le comte de Maistre et le vicomte de Bonald
d'un côté, le vicomte de Chateaubriand et le
comte de Tocqueville de l'autre, s'engagent
donc, au début du xixe siècle, en des voies diamétralement opposées. Le même problème les
obsède ; mais les solutions qu'ils en donnent
no se ressemblent guère. Tout, cependant, ne
s'y contredit pas ; et, le jour où l'on voudra
n'en garder que le meilleur, elles s'harmoniseront dans une synthèse plus vivante et
plus large.

D'ici là, et jusqu'à ce qu'on ait mis la méthode positive d'un de Maistre au service des
intuitions d'un Chateaubriand, que d'hésitations, que de tâtonnements, que de faux pas !

Car si déjà tout n'est pas sûr dans les vues d'un Bonald, par exemple, que deviendront des esprits naturellement aventureux ou obscurs, qui ne se complaisent que dans les nuages ou au bord des abîmes ? Voici des groupes entiers dont les guides, étrangers d'ailleurs les uns aux autres, ne songent à rien moins qu'à réconcilier l'Église et la Révolution. Dans leur impatience d'aboutir, ils altéreront, sur des points plus ou moins importants, l'enseignement traditionnel de l'Église. Altérations inconscientes chez les uns, voulues chez les autres et qui amèneront ces derniers à sortir de l'Église plutôt que de renoncer à leurs vues, toutes peuvent nous servir encore ; la marche n'est-elle pas plus facile quand on connaît les précipices qui bordent le chemin ?

I. — BALLANCHE

La Révolution française n'a-t-elle été, comme le voulaient de Maistre et Bonald, qu'un contre-évangile furieux et sanglant? Ou bien, au contraire, rentre-t-elle, comme le croyait Chateaubriand, dans un cycle d'événements prévus, préparés par l'Evangile? Et, dans cette dernière hypothèse, de quel point de vue convient-il de considérer le catholicisme si l'on veut y apercevoir une solution satisfaisante, et apaisante du fait révolutionnaire? Tel est le problème que Ballanche a passé toute sa vie à résoudre.

I

« Une noble nature, une douce et belle âme qui a de sublimes perspectives dans le vague, des éclairs d'illumination dans le nuage, qui excelle à pressentir sans jamais rien préciser ».

Voilà Ballanche, tel du moins que l'a dépeint Sainte-Beuve. Et Sainte-Beuve tenait fort à ce portrait.

« C'était un singulier personnage, écrivait-il une autre fois, que l'excellent M. Ballanche : il avait des parties vagues, nuageuses, inintelligibles, je le crois, même pour lui, et qu'il ne parvint jamais à éclaircir, qu'il ne débrouilla jamais aux yeux du monde ni aux siens ; il avait des puérilités et des enfances, des bégayements sans fin dans l'entretien habituel, et, tout à côté de cela, il lui sortait de la bouche, et surtout de la plume, des paroles d'or[1] ».

Ce portrait, peu flatté, ne laisse pas d'être

1. SAINTE-BEUVE, *Causeries du lundi*, t. X. (19 juin 1854), et t. XI, (28 nov. 1859).

assez fidèle, à condition toutefois que l'on y inscrive les deux dates (1776-1847) entre lesquelles s'est écoulée la vie de Ballanche.

Il y a chez lui quelque chose des bégayements de l'enfance ; soit : mais aussi, quand il vint, n'était-ce pas l'enfance du siècle ? On trouve dans ses livres plus de pressentiments que d'idées, plus d'intuitions que de raisons ; mais, autour de lui, qui avait dépassé la période des recherches et des tâtonnements ? qui avait trouvé le vrai mot de cette énigme : la Révolution française?

Ballanche était d'un tempérament maladif. Mais, il apprit de bonne heure à tirer profit de ces inquiétudes de santé, aggravées, au seuil de la jeunesse, par une peine de cœur très intime : toute son activité se concentra au-dedans. Lié d'amitié avec des hommes comme Ampère, Camille Jordan, Dugas-Montbel, Lyonnais comme lui, et, comme lui libéraux impénitents et chrétiens décidés, — avec Jordan surtout, dont il publia, en 1826, en les faisant précéder d'un *Eloge*, les discours politiques, — il se complut de bonne heure dans la lecture d'écrivains singuliers, souvent bizarres, parfois profonds, qui avaient ce trait commun d'allier dans leurs œuvres les préoccupations religieuses et mystiques

aux préoccupations sociales : le génevois
Charles Bonnet, qui avait publié, en 1769, une
Palingénésie philosophique dont il s'inspira
dans sa *Palingénésie sociale* : et le belge Fa-
bre d'Olivet, qu'il cite souvent et qu'il s'applique visiblement à comprendre. Adversaire
résolu de Joseph de Maistre, dont les doctrines très arrêtées heurtaient ses idées, d'ailleurs assez flottantes et qui n'étaient guère
faites, à la vérité, pour s'encadrer dans des
systèmes un peu rigides, il resta en revanche, jusqu'à la fin, l'admirateur et l'ami de
son autre compatriote, madame Récamier, et
l'hôte assidu de cet illustre salon de l'Abbaye-
au-Bois où trônait, au milieu d'esprits très
distingués, Chateaubriand.

Ballanche, tout au début du xıx⁰ siècle, avait
publié sous ce titre : *Du sentiment considéré
dans ses rapports avec la littérature et les arts*
(1801), un livre dont on a pu dire, très fine-
ment : « C'est un Génie du christianisme enfantin, mais qui a paru avant le *Génie du
christianisme* [1] ». Effectivement, il y a du
Chateaubriand dans Ballanche : un Chateaubriand plus pâle, d'une moindre envergure,

---

1. E. FAGUET, *Politiques et moralistes du xıx⁰ siècle*; 2⁰ série, 1898; art. sur Ballanche.

et encore à l'état d'ébauche. L'un et l'autre ont ceci de commun, qu'ils sont des poètes et qu'ils appliquent hardiment le sentiment à la solution des problèmes moraux et politiques, sociaux et religieux : mais cette tendance revêt, chez Ballanche, des formes si étrangement symboliques que Chateaubriand, s'il faut en croire Sainte-Beuve, l'appelait ordinairement dans l'intimité, *l'hiérophante.*

Tel apparaît Ballanche, quand on essaie de le replacer dans son milieu : très mystique, très intérieur, assez au-dessus du commun pour ne pouvoir jamais espérer de devenir populaire, et cependant assez attirant, assez plein pour que son étude ait paru digne à quelques âmes très hautes de plus d'une heure de peine.

« Tous ceux qui ont écrit sur lui l'ont loué », continuait Sainte-Beuve ; et il ajoutait malignement : « Je le crois bien, c'était déjà une distinction présumée que de paraître l'entendre. Génie plus qu'à demi voilé, on n'y entrait qu'en y mettant du sien ; on ne le comprenait qu'en l'achevant. Ecrire sur lui, c'était devenir à quelque degré son collaborateur [1] ».

Collaborons donc à notre tour à l'œuvre de

1. SAINTE-BEUVE, *Causeries du lundi,* t. XIV. (28 nov. 1859).

Ballanche ; et s'il faut, pour exposer sa pensée, l'achever un peu, nous nous efforcerons néanmoins de n'y rien ajouter, ou de n'y ajouter que ce qu'il faudra pour préciser son rôle dans l'élaboration de quelques idées encore très actuelles et vivantes.

II

Le respect des traditions, l'amour du progrès : ces deux sentiments, incompatibles pour tant d'autres, n'en font qu'un pour Ballanche. Le passé, loin de le détourner du présent, le lui explique ; et les morts qu'il se plait à évoquer dans ses poèmes lui donnent des leçons d'avenir.

Il aime les traditions, mais surtout les plus mystérieuses et les plus lointaines ; et il s'applique à les retrouver ou même, au besoin, à les deviner sous l'enveloppe des mythes préhistoriques où elles se dérobent aux regards profanes. La mythologie n'est, en effet, à ses yeux, qu'une « histoire condensée et, pour ainsi dire, algébrique » ; mais cette histoire étant vraiment trop condensée pour être extrêmement claire, il faut exercer, pour la saisir, la plus perspicace de nos facultés de divination, ce qu'il appelle « une faculté en arrière analogue à la prescience ».

Pour son compte, Ballanche ne s'en fait pas faute. Il se complait dans l'immense domaine qui, aux âges les plus reculés du passé, échappe aux prises des savants et aux affirmations de l'histoire. Il y est chez lui. De l'étude et du rapprochement de ces traditions obscures, — qui sont pour lui ce qu'étaient les « faits » pour un de Maistre ou un Bonald — il conclut que le monde, perpétuellement en marche et en mue, se renouvelle sans cesse. Comment ne verrait-il pas aussi des renouvellements, des renaissances, des « palingénésies sociales » dans les événements dont il est le témoin, et jusque dans les plus sanglants ?

C'est que toute l'histoire, à ses yeux, repose sur ces deux faits : la Chute, la Rédemption. L'humanité est tombée, et, Dieu aidant, elle se relève. La loi d'expiation qui pèse sur elle se résout finalement en une loi d'expiation et de progrès :

« Les siècles antérieurs à l'humanité, écrit-il, sont condensés dans une formule algébrique toute merveilleuse : c'est le dogme de la déchéance et de la réhabilitation... (VI, 263). »

Et un peu plus loin :

« Partout l'humanité se présente à nous comme ayant subi, dans son essence même, une grande altération. Cette altération immense et intime fut considérée, par la croyance unanime des peuples, comme une maladie qui devait avoir un terme, et pour laquelle ils n'ont jamais cessé d'invoquer des guérisseurs. (VI, 270). »

Il ne faudrait point exiger de Ballanche une rigueur théologique qu'il ne se piquait d'ailleurs aucunement de donner à ses affirmations. C'est un écrivain religieux qui philosophe à sa façon sur les données des dogmes ; ce n'est pas un théologien. Nous ne lui demanderons donc pas comment il entend cette chute primitive dont il parle, ni s'il en a une notion exacte et orthodoxe [1]. Il est en revanche fort bien informé de quelques-uns des effets qu'elle produisit.

Le monde était un : à présent il est divisé. Divisé, il est à reconstituer. Le premier indice de cette division, nous le trouvons dans l'état

1. On trouvera aux *Documents*, § IV, un exposé de la doctrine catholique sur le péché originel et la Rédemption.

présent de la nature. La nature est en révolte contre l'homme : l'homme doit établir l'ordre dans ce chaos, s'assujettir et discipliner ces forces rebelles, bref, « s'approprier la terre pour ainsi dire en la faisant. » (V, 22.) En d'autres termes, la propriété est à fonder ; il y faut de la sueur et du sang : « L'homme, dit Ballanche, est condamné à faire la terre où il veut habiter, à faire l'air et le climat ». (V, 283).

Œuvre immense qui, à elle seule, nécessiterait le concours et l'union de tous les hommes. Mais les hommes sont divisés, eux aussi. La chute a eu pour résultat de les tourner les uns contre les autres. Les plus forts et les mieux doués accaparent tous les droits, s'organisent en castes et en classes, refoulent les faibles et les tiennent violemment à l'écart de la propriété, de la famille, de la religion même. « On aperçoit à peine au bas de l'échelle des créatures humaines que l'on ne compte pas, parce qu'elles sont absolument en dehors des mœurs générales ». (VI, 267).

Abaisser les barrières des castes, des classes, des ordres ; introduire dans les mœurs générales ceux qui en sont exclus, et, par un effort parallèle, créer et affranchir la propriété : telle est, réduite à ses éléments essentiels, l'œuvre qui s'est toujours imposée et qui continue de s'imposer au genre humain. La chute l'a rendue nécessaire, la rédemption l'a rendue possible.

Comme il « fait » la terre, le genre humain « se fait lui-même ». (VI, 109). Rude entreprise qui a demandé, qui demandera encore des siècles ! « L'avancement des destinées humaines est au prix d'initiations lentes, successives, mesurées ». (V, 326). Deux sortes d'hommes y collaborent : ceux que Ballanche appelle les *initiables* qui doivent bénéficier de cet avancement, et ceux qu'il nomme les *initiateurs*, c'est-à-dire les « mortels privilégiés qui s'élèvent au-dessus du niveau général », (VI, 43), et pour qui la mission d'inspirer aux autres la conscience de leurs droits et de leur dignité d'hommes est la rançon de cette élévation même. .

Les premiers représentent le principe stationnaire, les seconds le principe progressif.

« C'est dans la lutte de l'immobilité et du mouvement, du principe stationnaire et du principe progressif, de la fatalité et de la volonté, de la vie universelle et de la vie ayant la conscience de soi ; c'est dans cette lutte plus ou moins extérieure, plus ou moins intime, que les empires s'élèvent et succombent ». (VI, 231).

Le principe stationnaire est progressivement vaincu : la rédemption se fait.

« La grande promotion successive et graduelle, est la conquête de la responsabilité, de la connaissance de soi-même, de la conscience... L'introduction dans les mœurs générales de ceux qui en étaient exclus par la loi impitoyable des castes ou des classes finit par produire le *droit commun*. Les barrières des castes, des classes, des ordres s'abaissent, la propriété s'affranchit. La faute avait fait l'institution des classes : et la rédemption, qui est contemporaine de la faute, produisit l'initiation des classes les unes par les autres ». (VI, 267-268).

III

La Rédemption, dit Ballanche, est contemporaine de la Chute. Mais avant Jésus-Christ rien n'était plus aléatoire ni plus limité que cette « rédemption ».

« Les mythes anciens disaient que, pour accomplir l'initiation, l'initié devait tuer l'initiateur : voilà pourquoi les patriciens furent si constants à refuser ou à retarder l'initiation plébéienne. Ils avaient bien compris que cette expression mythique, transformée en expression historique, est le symbole d'un fait devant lequel ils devaient toujours reculer. Mais la Providence ne recule jamais. Le christianisme a accompli l'initiation générale par la mort volontaire de l'initiateur, et cette mort, qui fut l'exécution d'un décret éternel, est la rançon infinie de la capacité du bien et du mal accordée à tous ». (V, 59-60).

Jésus-Christ est l'*initiateur* de l'humanité nouvelle, de toute l'humanité. Comme il n'y a plus qu'une religion, l'harmonie et l'unité peuvent s'établir entre les hommes. Et, aux yeux de Ballanche qui tenait fort à cette découverte, c'est même là « ce qui distingue réellement le christianisme de la gentilité. Le vrai christianisme, ajoute-t-il, c'est l'accession à l'humanité ; la gentilité, c'est l'exclusion de l'humanité ». (V. 60).

Partout où l'homme s'élève, devient plus homme, conquiert ses droits ; partout où des hommes, jusque-là tenus en dehors de la propriété, de la famille, de la religion, commencent à y avoir accès et sont mis en mesure d'exercer sur la société une influence, il n'y a point à hésiter, une œuvre chrétienne s'accomplit.

Dès lors, toutes les fois que se réalisaient

dans le passé les initiations dont aimait à parler Ballanche ; toutes les fois que les rangs des castes et des classes s'élargissaient pour faire place à de nouveaux venus, nous pouvons reconnaître et saluer la présence de ce que Ballanche appelait, d'un nom très significatif, le « christianisme antérieur ».

« Le christianisme antérieur, écrivait-il, a eu ses prophètes dans la gentilité ». (VI, 268). Jusque dans les ténèbres du paganisme, l'œuvre de Dieu trouvait donc d'actifs collaborateurs. Ces « prophètes », ce sont les initiateurs, les promoteurs souvent obscurs et anonymes de ces progrès partiels et fragmentaires, mais profondément bienfaisants, qui peu à peu élevaient au rang d'hommes un plus grand nombre d'hommes.

Le christianisme antérieur a « fait le monde ancien » ; le « christianisme réalisé » fait, de son côté, « les destinées du monde nouveau ». Or, la Révolution est précisément, malgré ses erreurs, ses fureurs, ses crimes, une de ces réalisations progressives du christianisme dans l'ordre social. Si elle s'est accomplie dans le sang, c'est que la loi d'expiation, la loi de la chute pèse toujours sur nous, et qu'il ne saurait y avoir, sans expiation, ni réhabilitation, ni relèvement.

En relisant cette prodigieuse et cruelle histoire, peut-être avez-vous été tenté de mur-
murer, les yeux et les bras levés au ciel :
Comme le monde redevient païen ! — Le monde
ne revient pas au paganisme, vous répondrait
Ballanche, il n'y reviendra jamais. Le christianisme ne meurt pas. Il ne meurt pas, il
n'est donc pas mort et vous devez retrouver
toujours, sous l'écorce parfois épineuse des
faits, les manifestations de sa vie, les battements de son cœur.

« C'est le christianisme qui a fondé la société
des temps modernes. Cette société veut, à son
tour, son émancipation ; et cette émancipation est
contenue dans la loi chrétienne.

« Il faut bien faire attention que l'on a nié l'é-
vidence, en niant que le christianisme gouvernât
encore la société. Ceux qui avançaient ce paradoxe y ont trop légèrement fait croire. La foi des
croyants en a été ébranlée. Ils n'ont pas voulu
voir que le christianisme, loin d'être épuisé, reprenait une sève nouvelle ; que, loin d'être inti-
mement uni à la société du moyen-âge, cette société lui était antipathique et qu'il avait, par sa
nature, réagi contre elle.

« Non seulement le christianisme gouverne la
société ; j'oserais dire qu'il est la société elle-
même.

« Le moment est venu où les gouvernements
doivent à leur peuple une profession de foi, mais

telle qu'elle n'exclue aucune liberté, et qu'elle entre dans le véritable esprit du christianisme, en déclarant qu'ils le regardent comme identique avec l'esprit même de nos institutions. En effet, le christianisme est une loi d'affranchissement et d'émancipation. Si l'on veut en faire autre chose, si l'on veut le rendre incompatible avec toutes les idées généreuses, vous repoussez dans les abîmes de l'incrédulité toute une génération nouvelle à qui l'incrédulité est en horreur ». (VI, 342-348).

Tout Ballanche est dans cette page. La Révolution française ne fut pour lui ni une résurrection du paganisme, ni une manifestation diabolique, mais une main-mise du christianisme sur l'humanité nouvelle. Le christianisme est une loi d'émancipation. La Révolution, en rendant la vie publique accessible à tous se présenta comme un gigantesque effort pour établir parmi nous le règne du droit commun. En cela, Ballanche estime qu'elle était chrétienne et marchait dans le sens de l'Evangile. Le paganisme, c'est l'exclusion du droit commun; l'accession au droit commun, c'est le christianisme.

IV

Le christianisme est une loi d'émancipation. Retenons cette formule : elle va nous permettre de suivre jusqu'au bout, dans Ballanche, le mouvement intérieur de la pensée.

Loin de dépouiller les hommes de leur individualité, le christianisme les en dote : il leur inspire l'idée et le courage de la conserver. Fidèle à cette vue, Ballanche ne cessera de combattre tout ce qui, dans l'ordre philosophique, religieux ou politique, paraîtra s'opposer au développement de la raison et de la conscience individuelles : il jettera ses livres au travers du chemin où les doctrines qu'il juge erronées s'engagent.

En philosophie, il repousse le traditionnalisme sous toutes ses formes : en effet, quelle place y reste-t-il pour la raison individuelle?

En religion, il combat l'ultramontanisme. Ballanche est gallican. Sait-on pourquoi? Parce que le gallicanisme est, à ses yeux, essentiellement conservateur de l'individualité française. C'est ce qui resterait à démontrer ; mais à défaut de preuve, voici une affirmation :

« La Déclaration de 1682 n'est point une loi de séparation. Elle est l'acte conservateur d'une individualité qui est le sentiment même de l'existence et, j'oserais dire, de la moralité ». (VI, 340).

Et voici une plainte :

« Le malheur de notre temps a voulu que le clergé, d'abord persécuté, puis resté sans appui, dans une société où tout avait été bouleversé, ait pris pour lui le cosmopolitisme qui efface la personnalité... Il n'est pas gallican : il se rattache à l'universel, il se détache du particulier ». (VI, 338).

Pour la même raison, exactement, Ballanche s'est déclaré en politique l'adversaire de Bonaparte.

L'humanité, selon lui, a toujours à sa tête une élite d'hommes. Mais le rôle de cette élite n'était pas du tout, avant la venue de Jésus-Christ, ce qu'il est devenu depuis lors, ce qu'il sera toujours désormais.

Dans le monde ancien, il y avait, on s'en souvient, deux sortes d'hommes et, pour ainsi dire, deux espèces humaines dont l'une, composée de ceux que Ballanche appelait les initiateurs — ou, comme il s'exprime ailleurs en termes beaucoup moins clairs, les « *hommes intuitifs* » — menait et « faisait » l'autre. Mais « le christianisme a rétabli l'unité de l'espèce humaine »; il ne doit donc plus y avoir, dans le monde nouveau, de ces hommes « intuitifs et spontanés qui créent *a priori*, qui sont les instituteurs des peuples ». Chacun, maintenant, doit exercer une influence sur les destinées communes; et les chefs de peuples sont tenus de compter avec l'ensemble de ces influences individuelles. Bref, il n'y a place, dans les sociétés chrétiennes, que pour une sorte d'hommes,

« ... les hommes *assimilatifs* qui se rendent les représentants d'une idée, d'une époque, d'une opinion, d'un système d'idées et de croyances, qui sont l'expression d'un sentiment général ».

Or, qu'a fait Bonaparte ? Au lieu de diriger les destinées des peuples en s'identifiant à elles, il a voulu les créer de toutes pièces et les faire sortir de son propre cerveau.

« Bonaparte s'est trompé : il s'est cru intuitif, comme furent dans les temps anciens les hommes de sa trempe ; il devait se borner à être assimilatif, seule condition des hommes de génie des temps modernes ». (VI, 276).

.Ce rôle superbe dont Bonaparte, pour son malheur, n'a point eu l'intelligence, Ballanche crut un moment que la vieille maison des Bourbons le remplirait. Il avait accueilli avec enthousiasme la Restauration : il la voyait à travers le prisme enchanteur de ses propres théories. Et, en son lyrisme symbolique, il s'écriait :

« Maison de France, tu auras été la première à te revêtir du manteau de l'assimilation; la première, tu auras appris que tu devais représenter et non faire les destinées nouvelles »! (VI, 276).

La « Maison de France », on le sait, se soucia peu de prêter l'oreille aux discours mystérieux de Ballanche ; mais voici comment, un soir du 31 décembre 1830, « l'hiérophante » se vengeait; dans un post-scriptum inséré à la fin de son *Orphée*, il écrivait :

« Il est bien démontré à présent que c'est la Restauration elle-même qui s'est méconnue, qui a renié sa haute mission, en essayant de faire rétrograder l'initiation au lieu de la diriger. Elle n'a pas voulu ce qu'elle devait vouloir, elle a commencé par ébranler les principes qu'elle avait consacrés ou produits; ensuite elle les a minés sourdement; puis, elle les a fait écrouler sur elle ». (VI, 356).

Dans cette seconde révolution qui avait, comme l'autre, emporté un trône, Ballanche discernait donc une leçon de choses qui confirmait douloureusement la leçon contenue dans ses livres. Il promenait sur les faits, auxiliaires inconscients de ses pensées, son regard confiant, mais attristé, de voyant.

Ballanche ne respirait qu'harmonie. Toute son œuvre est d'une admirable générosité. Durant la première moitié, si troublée, du xix° siècle, il voulait que le monde entier fût bon, et lui ressemblât. Il le voulait si bien que, prolongeant bien au-delà des horizons terrestres sa doctrine des améliorations successives, il a écrit maintes fois que les destinées individuelles finiraient toutes par être heureuses. (VI, 152-153). De telles affirmations, évidemment, partaient du meilleur des cœurs. Mais le cœur n'est pas toujours un guide sûr. Seulement, c'est aussi du cœur que sortent les grandes pensées; et tout n'est donc pas perdu pour qui se livre à de telles inspirations. Ballanche a pressenti qu'un rapprochement s'imposait entre la société chrétienne et la

société issue de la Révolution française; il a
cherché, dans les dogmes fondamentaux du
christianisme, la base et la justification de
ce rapprochement. De cela, on ne peut que le
louer. Ce fut un ouvrier de la première heure,
un ouvrier de justice et de paix. C'est une
fonction qui prête, sans doute, aux illusions
et facilite les faux pas, mais qui est belle
quand même, vraiment belle, puisqu'elle est
faite d'amour des hommes et de foi en Dieu [1].

1. On trouvera aux Documents, § V, une curieuse page
de J.-J. Ampère sur l'influence exercée par Ballanche
dans les milieux ouvriers.

II. — BUCHEZ

Il est des hommes dont l'existence, pareille
à un roman d'aventures, semble avoir été
rêvée plutôt que vécue. Au premier abord,
Buchez produit cette impression. Il subit en
effet, durant sa longue carrière (1796-1865),
les fortunes les plus diverses. Tour à tour em-
ployé d'octroi, engagé volontaire contre l'armée des alliés, étudiant en médecine, il ne
s'absorba pas tout entier dans ces occupations variées, mais ordinaires, de sa jeunesse.
Entre temps, il trouva le loisir d'introduire
en France le carbonarisme, de prendre une
part active au complot de Belfort organisé
contre le gouvernement de la Restauration
par les bonapartistes et les révolutionnaires
coalisés, et de se faire, après l'insuccès de

ce coup de main hardi, condamner à mort. Heureusement, il obtint sa grâce; et redevenu catholique après avoir porté un moment le froc saint-simonien, ce condamné pour crime d'Etat fut élu, en 1848, président de l'Assemblée constituante et devint ainsi l'un des gardiens responsables de l'Etat.

Voilà donc un révolutionnaire militant qui, des extrêmes limites du matérialisme le plus radical, est revenu à l'Eglise, et qui a essayé de concilier dans sa vie et dans ses œuvres ses aspirations politiques et ses convictions religieuses. Par quelle série de crises intérieures s'expliquent les phases fort agitées de cette carrière; qu'y a-t-il d'impersonnel, de général, d'imitable en un mot, dans cette évolution individuelle; quelle « philosophie » l'a inspirée ou en est sortie?

I

En de précieux fragments d'autobiographie, insérés çà et là dans ses livres, Buchez a tracé lui-même les grandes lignes de son « histoire intellectuelle [1] ».

1. Voir en particulier le *Traité de philosophie*, t. 1er, Introd. pp. 20-31.

Son enfance avait été religieuse : élevé par une mère catholique, il avait reçu l'enseignement du catéchisme. Mais, de bonne heure il entra en contact avec les philosophes du xviii° siècle, qui étaient les fétiches d'alors. Est-il vrai, comme il l'a ingénieusement raconté, qu'en l'habituant à respecter ses maîtres, sa formation première l'avait prédisposé à subir l'ascendant que ceux-là eurent sur lui ? Toujours est-il qu'il finit par penser comme eux. Après avoir rougi de sa foi, il l'abandonna et la combattit. Il fut matérialiste et athée.

Il y a quelque chose, pourtant, dont il n'avait jamais douté : la morale. Elle resta, au milieu de tous ses égarements, le point de repère de sa pensée. Il avait cru remarquer que la raison secrète et dernière qui déterminait ses jugements et sa conduite lui venait toujours des inspirations de son « sentiment moral ». D'instinctive qu'elle était, cette manière de s'orienter au milieu des ténèbres d'alentour devint chez lui de plus en plus consciente.

« Dès ce moment, écrit-il, j'eus une certitude : celle de la morale. J'eus un moyen de me guider

au milieu des doutes de la science : j'eus en un
mot un principe de salut [1]. »

C'est alors qu'il connut, — vers 1825 — les
travaux de Saint-Simon.

« Ils étaient à tous égards remarquables, racon-
tait-il douze ans plus tard. En mettant de côté la
forme quelquefois audacieuse et toujours étrange
de ces écrits, on y trouvait de graves sujets de
méditation; l'auteur venait en quelque sorte ré-
véler à la jeunesse qui avait été élevée dans les
écoles muettes de l'Empire, toutes les idées qui
avaient été agitées dans les années qui avaient
précédé la Révolution et dans les jours de son
triomphe [2]. »

Il y avait seulement ajouté « l'idée de la
charité chrétienne, en y jetant ces mots :
Amélioration de la condition morale, intellectuelle et physique de la classe la plus
pauvre [3]. » — Saint-Simon, c'était donc le
XVIIIe siècle; mais un XVIIIe siècle corrigé et
complété par un peu d'Evangile. Buchez crut
avoir trouvé la synthèse où allaient se concilier ses désirs de « réformation politique »

1. *Traité de philos.*, t. Ier, p. 25.
2. *Traité de philos.*, t. Ier, p. 26.
3. *Introduction à la Science de l'histoire*, t. Ier, p. 136.
(Edition de 1842).

et ses aspirations morales : il se fit saint-simonien.

Il n'était point né pour être un disciple
docile. Et son entente avec ses nouveaux amis
ne fut jamais complète. Leurs tendances pan-
théistes l'inquiétaient. Il n'en faisait point
mystère : il protestait et il discutait. Il colla-
bora néanmoins, dans le cours de 1826, aux
six derniers numéros du *Producteur*. Et, plus
tard, quand il fut question de reprendre la
publication interrompue de cette revue saint-
simonienne, il se chargea d'y écrire une « introduction à l'étude des sciences. » Ce travail
marque dans sa vie une époque décisive : il
l'aida à retrouver Dieu. « Il était impossible,
observe-t-il, de constituer une encyclopédie
véritable qui fût l'image de la réalité, sans
admettre la création [1]. » C'était sa conclusion.
Elle était trop nette pour ne pas déplaire à
ses amis qui, dès lors, devinrent ses adversaires. De guerre lasse, Buchez se sépara
d'eux. C'était en 1829.

Une fois en possession de ces deux vérités :

---

1. *Traité de philos.*, t. Iᵉʳ, p. 29. — Buchez a exposé tout
au long dans son *Introduction à l'étude des sciences*, et ré-
sumé brièvement dans l'*Introduction à la science de l'histoire*, t. II, pp. 20-25, « l'esquisse des considérations scientifiques » par lesquelles il est « sorti des ténèbres du
matérialisme. »

la nécessité d'une loi morale, l'existence de
Dieu, Buchez ne devait pas tarder à rencon-
trer enfin, au bout de sa pensée, le christianisme. Laissons-le parler lui-même :

« Pendant la durée de mes travaux scientifiques,
écrit-il, je m'étais occupé à chercher d'où venait
cette morale qui avait été mon seul guide pendant
les longues incertitudes de la route que j'avais
parcourue... D'exclusion en exclusion, je trouvai
que la morale qui présidait à la civilisation moderne, cette morale à laquelle j'avais obéi si longtemps sans savoir même qu'elle eût un nom, venait de Jésus-Christ ; je me démontrai par de longues recherches qu'elle était aussi supérieure que
nouvelle ; je reconnus en même temps qu'elle comprenait et complétait la tradition des devoirs dont
la pratique avait conservé l'humanité... Je voyais
que, sous l'influence du christianisme, la civilisation de l'Europe avait dépassé toutes les autres
en mille choses et particulièrement dans les relations civiles, dans les sciences, dans l'industrie,
dans la guerre, etc. Alors je fus convaincu que je
trouverais dans le christianisme ce que je désirais
depuis si longtemps ; et je regrettai que les maîtres de ma jeunesse et les prétendus philosophes
m'eussent poussé si loin à la recherche de la vérité, lorsque je l'avais si près de moi. J'étudiai le
christianisme ; j'en appris l'histoire ; j'y trouvai
l'origine de tout ce que j'admirais et je respectais ;
j'y lus pourquoi la France était la fille aînée de
l'Eglise ; j'y trouvai, non pas seulement la preuve,

mais l'indication précise des idées scientifiques les plus fécondes et, entre autres, de cette doctrine du progrès qui explique tant de choses; j'admirai et je crus comme lorsque j'étais petit enfant [1]. »

Il fallait citer cette page : elle explique Buchez. Elle montre comment il parvint à lier ensemble ses idées sociales et sa foi catholique. Désormais, il va s'efforcer de coordonner en système les résultats particuliers de son expérience. Il est nécessaire de ne pas l'oublier quand on le juge : sa philosophie, c'est sa vie elle-même, généralisée et devenue doctrine. Il y a peu d'hommes dont l'évolution intérieure caractérise mieux l'œuvre intellectuelle. La valeur logique de la morale, son origine et ses formes historiques, l'influence politique, scientifique et religieuse du christianisme, les conséquences qu'il convient d'en tirer pour la direction présente et future du monde : autant d'idées que Buchez a entrevues, qu'il n'a pu entrevoir sans s'y attacher et qui, approfondies, classées, systématisées, vont devenir l'objet et sont déjà le programme de ses travaux futurs.

[1]. *Traité de philos*, t. Ier, pp. 29-31.

II

Buchez avait donc trouvé dans sa « raison pratique », — pour employer le langage de Kant auquel il emprunta vraisemblablement ce point de sa doctrine, — une lumière et un guide. Il s'empresse d'ériger en thèse absolue cette méthode personnelle d'arriver au vrai. La morale avait été son critérium de certitude : elle devient « la certitude ou le *critérium* universel que Dieu a donné aux hommes pour les conduire en cette vie[1] ». Et il s'applique à faire ressortir l'originalité de cette découverte.

Jusque-là les critériums qu'avaient admis — et rejeté — successivement les philosophes appartenaient tous à l'ordre scientifique. Aux yeux de Buchez, c'était leur condamnation. Car, d'abord, la science n'est qu'un mode d'activité dérivé et secondaire ; et, ensuite, les savants, les philosophes sont cantonnés dans un petit coin de l'humanité : leurs règles changeantes ne peuvent la bien conduire. En effet,

1. *Traité de philos.*, t. II, p. 112.

« l'histoire nous raconte un grand nombre de révolutions dont les unes ont été avantageuses à la
société, et les autres nuisibles. Elle nous apprend
en même temps que ces dernières ont été toutes
uniformément entreprises au nom d'une certitude de l'ordre scientifique... Les mêmes doutes
qui troublent la science agitent les nations [1]. »

Il faut donc une certitude antérieure et supérieure à la science, accessible à l'ensemble
des hommes et capable de les diriger. Il y en
a une. Laquelle ? La loi morale. Les hommes,
pris en masse, sont en effet « les meilleurs juges dans toutes les questions pratiques ». Pourquoi ? Parce qu'ils suivent « uniquement les
avis de la morale ». Voilà la vraie cause de
cette inerrance habituelle du sentiment public ; voilà l'explication de ce « privilège en
vertu duquel le peuple a souvent raison contre les plus habiles et les plus savants [2] ». Et
le peuple est bien inspiré. Si la loi morale était
fausse, si elle ne répondait à rien, l'obstina-
tion qu'il met à s'incliner devant elle l'aurait
depuis longtemps égaré et anéanti : toute erreur tue. Mais, au contraire, c'est dans la mesure où il l'observe qu'il conserve et augmente

1. *Traité de philos.*, p. 19.
2. *Ibid.*, t. I", p. 25.

sa puissance et ses richesses. « C'est là sans contredit la démonstration la plus grande que l'on puisse faire touchant la vérité d'un critérium [1] ». Il n'y a que la vérité qui ait la vie pour elle. — On voit que Buchez, en reprenant ici à son compte la théorie de Lamennais sur la raison générale, a sa manière à lui de l'expliquer. Il croit au sens commun : mais, parce que le sens commun est une forme du sens moral et en dérive. Et il en limite l'exercice et la quasi-infaillibilité à ce qu'il appelle les « questions pratiques ».

* *

Telle quelle, c'est déjà pour la morale une assez belle prérogative. D'où lui vient-elle ?

Cette fois, c'est à Bonald que Buchez emprunte la réponse. Autant qu'au sens commun de Lamennais et à l'impératif catégorique de Kant, il croit au traditionnalisme [2].

« La morale, écrit-il, est un fait social, traditionnel, que chacun doit à l'éducation [3]. »

1. *Traité de philos.*, t. II, p. 111.
2. C'est à Bonald aussi que Buchez emprunte presque textuellement sa définition de l'homme (*Sc. hist.*, t. II, p. 2).
3. *Traité de philos.*, t. 1er, p. 30.

Le premier éducateur de l'homme, c'est Dieu. L'éducation divine de l'homme s'appelle la Révélation. « Sans la Révélation, l'homme ne saurait rien sur rien, pas même sur son existence personnelle [1]... La Révélation est l'origine du langage, des idées, de la conscience, de la raison [2]. » Elle est « le principe de la génération spirituelle qui fait l'homme social [3]... L'homme, la morale et la société ont été créés simultanément [4] ». Voilà des déclarations catégoriques.

Or, « la Bible juive constate qu'il y a eu trois enseignements moraux successivement donnés aux hommes : le premier à Adam, constitutif de la famille ; le second à Noé, constitutif de la tribu ou de la race, *gens* ; et enfin, le troisième constitutif de la société ou de la cité, *civitas* [5] ». Chacune de ces révélations devint le principe d'une civilisation ; et on peut, en en suivant le développement, discerner l'origine et la filiation spirituelles des peuples.

1. *Traité de philos.*, t. II, p. 51.
2. *Ibid.*, t. III, p. 480.
3. *Ibid.*, t. III, p. 564.
4. *Science de l'histoire*, t. Ier, p. 335 (cf. t. Ier, p. 322 ; t. II, p. 3, et pp. 228, 231.)
5. *Traité de philos.*, t. II, p. 103. — Cf. *ibid.*, t. II, p. 109 ; t. III, p. 537 ; et *Science de l'histoire*, t. II, pp. 275-313 et 393-434.

Une idée commune inspire et domine ces trois systèmes sociaux de l'humanité antique : l'idée de la chute. La religion, la politique, la science elle-même en subissent l'influence. — Les cérémonies du culte, tout le détail de la dogmatique étaient en harmonie avec cette prescription fondamentale de la morale : l'expiation ; l'art lui-même l'exprimait à sa manière dans les formes extérieures du temple. — Chacun étant ici-bas pour opérer son salut personnel en se purifiant d'une faute antérieure se trouvait placé au rang même que lui avait assigné cette faute : la société reposait donc sur un système hiérarchique et immobile de races, de castes et d'intérêts. L'activité politique était réglée et arrêtée à tout jamais. — Il en était de même pour l'activité scientifique. Il n'y avait, à vrai dire, qu'une science : la théologie. Toutes choses étaient supposées connues jusque dans leur essence. Rien à découvrir. Dès lors, quelle pouvait être la méthode intellectuelle ? Le syllogisme. Le syllogisme, déclare Buchez, est en parfaite conformité avec la doctrine de la chute. Impropre à inventer, il montre seulement que tel précepte, tel principe particulier se trouve contenu dans un principe, un précepte plus général.

« C'est un procédé immobilisateur où le raisonnement retourne en quelque sorte sur lui-même,
ainsi que, dans la docrine de la chute, l'homme
rapporte incessamment chaque instant de sa vie
présente à son passé originel [1]. »

Veut-on une preuve de cette fascination
exercée sur la science par la foi antique ? Elle
est peut-être inattendue ; mais peut-être aussi
n'en était-elle que plus frappante, aux yeux
de Buchez. On la trouve dans le système de
Ptolémée. Il faut citer :

« Il y eut une époque où la morale prescrivait
aux hommes l'expiation. De là, il fut déduit que
les hommes étaient des êtres déchus, et que le
monde avait été créé pour être le lieu de cette
expiation. De là l'on conclut que la terre habitée
par les hommes était le point principal du système
universel, et que tous les astres avaient été créés
pour elle ! en un mot, on finit par établir que la
terre était le centre du monde et que le soleil
tournait autour... Cependant, l'enseignement chrétien changea la situation morale des hommes sur
la terre. Celle-ci ne fut plus considérée comme la
partie la plus importante de l'univers, mais comme
le domaine donné à l'homme pour y passer un instant et y mériter... Il satisfit cette dernière idée
en supposant que la terre n'était qu'une planète,

1. *Traité de philos.*, t. Iᵉʳ, pp. 87-88 (Introd.)

et, à ce titre, tournait autour d'un centre qui était le soleil » [1].

.•.

C'est qu'en effet un âge nouveau, plein de réalités plus hardies que tous les rêves, succéda aux âges antiques. Jusque-là il y avait eu des familles, des tribus, des nations : le but de la révélation chrétienne fut de constituer l'humanité. L'unité des hommes et donc l'unité de l'histoire, annoncées dans l'Evangile, furent aperçues pour la première fois par des chrétiens. Et cette idée, aussi féconde qu'introuvable, devint le point de départ d'un monde, le principe et l'objet d'une civilisation.

Le christianisme est, en effet, une doctrine de rédemption individuelle et sociale, universelle. Sous son inspiration des horizons nouveaux s'ouvrent devant l'activité religieuse, scientifique et politique. — L'Eglise catholique, gardienne, interprète et ouvrière de la

1. *Ibid.*, t. II, p. 145 : Cf. *ibid.*, t. II, p. 179; *Science de l'histoire*, t. I", p. 458 ; *Hist. parlem. de la Révol. fr.*, préface du t. XVI. Voir, dans la *Revue des Deux-Mondes* du 15 janvier 1840, les railleries d'ailleurs très superficielles de Lerminier à propos de cette théorie.

parole divine, est à établir et à constituer. Le monde, domaine de l'homme et matière de ses efforts, de ses inventions, de ses découvertes est à reconquérir : pour le reconquérir il faudra le connaître ; et, pour le connaître, l'étudier. L'organisation sociale est à refaire sur un plan agrandi : la politique n'est qu'un « reflet de la religion [1] » ; à une religion plus parfaite doit correspondre une politique moins rudimentaire et plus humaine :

« Lorsque le christianisme apparut au milieu du monde gréco-romain, il nia le droit, possédé par les pères, de dispenser à leurs enfants la vie, la mort ou l'esclavage, en instituant le sacrement de *Baptême* par lequel les enfants devenaient membres de l'Eglise ; il nia l'inégalité d'origine, les différences de castes et toutes les catégories antiques fondées sur la doctrine de l'inégalité dans les déchéances, par ce même sacrement du baptême qui rendait tous les hommes participants des mérites de Jésus-Christ ; il confirma l'égalité entre les hommes et leur donna à tous la liberté d'acquérir cette grâce dont les anciens avaient fait un privilège, en établissant le sacrement de l'*Eucharistie*, par lequel tous pouvaient devenir participants du corps et du sang de Jésus-Christ ; il rendit à jamais impossible de faire de l'état de péché une condition sociale, en créant le sacre-

1. *Science de l'histoire*, t. II, p. 252.

ment de la *Pénitence*; il mit la femme sur le pied d'égalité avec l'homme, en instituant le sacrement de *Mariage*; il changea la doctrine du pouvoir en substituant, au droit de la naissance et de la force, le droit qui émane de ce commandement : « Que celui qui veut être le premier parmi vous se fasse votre serviteur », etc., etc. Toutes les institutions civiles, toutes les institutions sociales, et jusqu'au but de l'association humaine elle-même, tout fut changé... Voilà pourquoi nous nous croyons autorisé à dire que le Christianisme, considéré au point de vue de l'activité humaine sur la terre, est un commandement politique [1] ».

III

Chose curieuse et digne de remarque! Une révélation a changé la croyance et modifié l'attitude de l'humanité vis-à-vis de Dieu, du monde et d'elle-même ; et, sauf les premiers Pères de l'Eglise qui ont formulé la foi nouvelle, on ne s'est pas préoccupé de chercher une méthode et une philosophie en rapport avec cette foi. On s'est contenté de mêler Aris-

1. *Traité de philosophie*, t. III, pp. 571-573.

tote et l'Evangile. Le syllogisme immobilisateur et si bien adapté aux civilisations de la chute, est devenu la méthode de l'humanité rachetée. Aussi, qu'est-il arrivé ? Une fois que les chrétiens, appelés à renouveler la société païenne de leur temps, eurent adopté le syllogisme, leur activité réformatrice se ralentit ou cessa.

« Les savants chrétiens eurent à peine introduit le syllogisme dans l'examen de la constitution sociale qu'ils commencèrent à négliger le travail de réorganisation, quand ils n'y renoncèrent pas ou ne s'y opposèrent pas. En effet, le syllogisme prouvant la vérité de chaque fait par le fait qui était de la même nature, il fut démontré que toutes choses envisagées à leur place étaient convenablement arrangées ; et aussitôt la science se reposa [1] ».

Le peuple et une partie du clergé restèrent, fort heureusement, étrangers à l'aristotélisme ; et, c'est ainsi que la foi chrétienne, en dépit des savants, ne cessa de travailler le monde.

Or, continue Buchez, le temps est venu de donner à cette force une action plus régulière, plus scientifique et plus profonde.

1. *Traité de philos.*, t. 1er, pp. 393-384.

« A une doctrine de perfectionnement, il faut
une philosophie semblable; il faut des méthodes
actives, c'est-à-dire propres à ouvrir la carrière
de perfectionnement dont le but est proposé. Le
syllogisme, l'induction, etc. ne sont point des
méthodes de ce genre. Nous sommes loin cependant de demander qu'on les proscrive entièrement,
car elles sont excellentes dans certains ordres de
vérités et de faits;... mais elles ne sont pas de
nature à constituer l'unique procédé rationnel et
même le procédé logique principal qui convient
au christianisme... [1] Le christianisme est une *doctrine de rédemption*, et la doctrine du progrès est
la *philosophie de la rédemption* [2] ».

Voilà le grand mot lâché; voilà le secret de
Buchez et sa thèse de prédilection. Nous re-
trouvons ici les premiers maîtres de sa jeunesse. Il leur est resté fidèle et il leur fait
maintenant l'honneur de rattacher à l'Evangile leurs aspirations et leurs théories. C'est
qu'on effet, explique-t-il, l'idée de progrès,
« clairement indiquée dans les évangiles et
les écrits des apôtres » [3], étouffée en quelque

---

1. *Traité de philos.*, t. Ier, p. 92.
2. *Ibid.*, t. III. p. 108. Voir le développement de cette
thèse dans la préface des tomes XVII et XVIII de l'*Histoire
parlementaire* (1835).
3. *Science de l'histoire*, t. Ier, p. 69. Buchez cite l'Épître
de saint Paul aux Ephésiens, ch. IV.

sorte par la scolastique, reparaît au XVIe siècle où elle est exprimée par Bacon, d'abord ; mais c'est au XVIIIe siècle surtout, et en France, qu'elle reçoit tout son développement. Boullanger et l'abbé de Saint-Pierre, Turgot et Condorcet en font l'objet principal de leurs méditations et de leurs écrits ; et c'est par eux qu'elle arrive à Saint-Simon et à Auguste Comte : on trouve dans Turgot l'idée des trois périodes théologique, métaphysique et positive sur lesquelles Comte a si fortement insisté ; et, dans Condorcet, tout l'essentiel des idées de Saint-Simon [1]. Dès lors, persuader les catholiques que ces « révolutionnaires » sont des enfants perdus et des auxiliaires inconscients de l'Eglise ; convaincre par surcroît ces « révolutionnaires » eux-mêmes qu'ils marchent dans le sens du christianisme et cèdent à une impulsion venue de l'Evangile : tel va être, à droite et à gauche, le double effort de Buchez. Pour lui, la doctrine du progrès est le vrai point de jonction du catholicisme et de la société moderne.

Quelle fécondité surprenante dans cette doctrine, observe-t-il, et quel ordre lumineux elle

---

1. Pour le développement de ces assertions, voir la *Science de l'histoire*, t. 1er, pp. 120-128.

met dans la pensée humaine et dans l'histoire!
Elle seule montre la coordination de toutes les
parties de l'univers; elle seule peut donc servir de base à une classification objective des
connaissances, à une encyclopédie véritablement et strictement scientifique. — C'est en
effet une loi universelle et qui se vérifie dans
l'ordre minéral, végétal, animal aussi bien
que dans l'ordre humain. Les périodes géologiques se sont succédé en série croissante,
et chacune d'elles fut caractérisée par l'apparition d'êtres vivants d'une organisation
de plus en plus parfaite : chaque terme de
cette série appelait l'autre ; tous ensemble
appelaient la venue de l'humanité, qui est
elle-même destinée sans doute à « préparer
le sol où doit être implantée une formation
nouvelle », une race d'êtres supérieure à
elle [1]. Comme les périodes géologiques, les
buts d'activité successivement révélés à l'humanité marquent, d'Adam à Noé, d'Abraham
à Jésus-Christ, un progrès constant et mani-

---

1. *Traité de philos.*, t. III, pp. 36 et 38. — Cf. *Science de
l'histoire*, t. Iᵉʳ, p. 178. Il est curieux de constater que cette
idée du « Superhomme », reprise de nos jours, dans un
système brutalement matérialiste, par F. Nietzsche, se
trouve déjà, très nettement exprimée, dans les écrits de
Buchez.

feste. Et, sous l'action de plus en plus ferme et précise de ces enseignements divins, les hommes ont amélioré le monde brut, le monde social et leur propre organisme, « en sorte que la différence des races d'hommes aujourd'hui vivantes n'est que l'expression de la différence des états de civilisation actuellement dispersés sur la surface du globe [1] ».

Or, les œuvres que prescrit la morale sont celles-là mêmes que le progrès suppose. Par sa conformité parfaite avec les injonctions internes de la conscience, le progrès peut donc fournir, en même temps qu'une encyclopédie scientifique, ce que Buchez appelle une « encyclopédie éducatrice ». Et voilà réassociées du même coup, par le caractère essentiellement moralisateur de l'enseignement nouveau, l'éducation et l'instruction. L'instruction forme l'homme professionnel, l'éducation forme l'homme moral et social.

« ... L'effet de l'instruction est d'établir des différences entre les hommes, pendant que l'effet de l'éducation est de les rendre semblables et égaux. De là l'utilité, dans une société chrétienne telle que la nôtre, de faire en sorte que l'éducation prédomine sur l'instruction et qu'il n'y ait aucune

---

1. *Science de l'histoire*, t. 1er, p. 198.

contradiction entre l'une et l'autre, mais, au contraire, harmonie et tendance commune [1] ».

Comment y parvenir? Le moyen est simple. Qu'on s'attache à la doctrine du progrès. C'est à elle qu'il est réservé de réconcilier l'élite intellectuelle et la classe ouvrière, la raison et la foi, la religion et la science, l'Eglise et le siècle présent : se peut-il une plus enviable destinée ?

IV

Il faut suivre Buchez dans l'application qu'il fait de cette doctrine au développement de l'humanité, pour connaître la méthode qui lui sert, soit à classer les faits sociaux, soit à « prévoir l'avenir social ». C'est ici que toute son originalité se révèle.

Quand on analyse les procédés par lesquels l'activité individuelle transforme en acte une idée quelconque, on découvre trois périodes

1. *Science de l'histoire*, t. II, pp. 74-76.

distinctes :-une période de *désir*, pendant laquelle on se porte vers l'acte ; une période de *raisonnement*, pendant laquelle on le discute ; une période de *réalisation*, pendant laquelle on le produit. — Il en est tout à fait de même pour l'activité sociale. L'ensemble de ces périodes, dont l'évolution peut durer des siècles, constitue un *âge logique*. C'est ainsi que les buts d'activité, proposés par Dieu aux hommes dans les révélations qu'il leur a faites depuis l'origine de ce monde, ont été successivement désirés, raisonnés, exécutés. Chacune de ces révélations correspond à un âge de l'histoire. Nous sommes au quatrième âge.

Voulons-nous entrer dans le détail ? Ecoutons Buchez lui-même :

« *La première grande période* d'un mouvement logique est, comme nous l'avons dit, celle de *désir*... Elle est consacrée à l'institution d'un but d'activité, c'est-à-dire, à la formation d'une société nouvelle ; et, tout but d'activité étant essentiellement* religieux, il arrive qu'elle est signalée par toutes les marques d'une foi profonde... *Cette première grande période se divise en trois époques secondaires*. La première de ces époques secondaires, celle qui répond à la forme du *désir*, est particulièrement indiquée par l'*apostolat* ou la fondation des institutions religieuses, destinées à enseigner et à conserver spirituellement le but. La seconde époque secondaire, celle qui répond au *raisonnement*, est employée à *la démonstration de la foi*; c'est le temps des grandes hérésies, des négations fondamentales, des séparations religieuses; c'est aussi celle de l'institution du pouvoir militaire qui sert à écraser ou écarter les oppositions rebelles. Enfin, la troisième époque secondaire, celle qui répond à la *pratique*, est consacrée à établir le rapport entre le pouvoir religieux et le pouvoir militaire. On y travaille à l'organisation du gouvernement spirituel...

« *La seconde grande période* du mouvement logique est celle que nous avons désignée sous le nom de *rationnelle... On s'occupe à chercher la meilleure méthode pour agir conformément au but d'activité...* La première ère (des trois époques secondaires qui la composent)... peut être considérée comme celle où *se pose la thèse du gouvernement futur de la société...* Dans l'époque qui succède, c'est-à-dire dans la seconde de la période rationnelle, *la valeur du pouvoir spirituel est soumise à la vérification....* La troisième époque rationnelle est celle de *l'acceptation de la thèse d'organisation sociale,* posée et vérifiée dans les deux époques précédentes...

« *La dernière grande période* d'un mouvement logique, la période finale que nous avons désignée par le nom d'*exécutive,* et qui succède à l'époque précédente, doit présenter l'œuvre définitive de la *réalisation parfaite du but d'activité initial* [1]... »

1. Science de l'histoire, t. Ier, pp. 258-268. Buchez a présenté une exposition abrégée des mêmes théories dans le *Traité de philosophie,* t. III, pp. 510-516.

A-t-on remarqué que l'existence et l'évolution d'un âge logique requièrent des éléments fixes et tout à fait indispensables ? C'est ce que Buchez nomme les *constantes sociales*.

La première est le *but d'activité commun*, sans lequel aucune société n'est possible. — Ce but, il faut le préserver de toute altération et le transmettre de génération en génération ; confiée dans l'antiquité aux castes sacerdotales, cette fonction appartient dans les temps modernes au *pouvoir spirituel*. C'est la seconde « constante sociale ». — A la conservation spirituelle du but s'ajoute sa conservation matérielle. Il faut le défendre contre les résistances : c'est la mission de l'institution militaire, castes guerrières ou *pouvoir temporel* ; il faut étendre et conserver le milieu social où il doit se développer : c'est la mission du mariage et de la *famille*. C'est la troisième « constante sociale ». — Toutes ces « constantes » sont relatives à la conservation de l'être collectif : une quatrième se rapporte à la conservation des individus qui composent la collectivité et sont chargés de réaliser son but : elle comprend toutes les institutions qui règlent l'organisation de la propriété, la production et la distribution des richesses, « les *rapports industriels et hygiéniques* » *des individus,* en un mot, leur bien-être.

Lorsque l'activité collective est dirigée vers un but unique ; lorsque le pouvoir spirituel, conservateur du but, domine le pouvoir temporel qui le défend ; lorsque les intérêts individuels, garantis contre toute atteinte, sont subordonnés aux pouvoirs sociaux, on est à une époque « organique » ou synthétique ». Au contraire, l'époque « critique », « analytique », « individualiste », pour employer les expressions de Buchez, est caractérisée par la rupture de l'unité sociale. Les institutions, les « constantes » n'y sont plus dans leurs rapports naturels de dépendance. Il n'y a plus de hiérarchie. L'idée du droit a remplacé la préoccupation du devoir ; et le droit dissocie ceux que le devoir avait associés. Et le progrès continue de s'opérer, ce n'est plus d'une façon rapide, pacifique, harmonique, mais lentement, par soubresauts violents et par saccades : du but d'activité initial il ne reste le plus souvent que le côté le plus matériel, comme il ne subsiste plus, de tous les pouvoirs sociaux, que la domination de la force et du nombre [1].

1. *Science de l'histoire,* t. Ier, pp. 269 et suiv.

Veut-on avoir de ce développement un exemple concret qui ait le double avantage d'illustrer, pour ainsi dire, la thèse de Buchez et de nous initier à ses vues sur la philosophie de l'histoire? Prenons le christianisme.

La première période de l'âge logique inauguré par l'Evangile a pour objet de *fonder la société catholique.* — Elle comprend trois époques secondaires : la première, caractérisée par l'enseignement de la foi, dure jusqu'au concile de Nicée (325) qui formule et promulgue le symbole nouveau. — La deuxième époque est consacrée à *la démonstration de la foi.* Les hérésies se succèdent : arianisme et nestorianisme, eutychéisme et pélagianisme bientôt suivis du mahométisme qui les résume toutes ; et, en même temps que les hérésies, les conciles qui s'attachent à justifier le symbole de Nicée. Cependant l'Empire romain croule. Mais la France se constitue : en la personne de Charlemagne, elle affranchit le Pape, dépositaire de l'autorité spirituelle, et lui subordonne le pouvoir temporel ; le Pape couronne l'Empereur. — On est en l'an 800. La troisième époque commence. On s'y occupe *d'organiser la société catholique.* Régulariser la hiérarchie, discipliner le clergé, combattre la simonie, assurer la liberté et la vérité des élections : ce fut un travail obscur et pénible. Un schisme survient dont une question de suprématie fut la cause véritable : l'Eglise grecque se sépara du catholicisme et entreprit de se gouverner à part. L'initiative de Nicolas II qui règle, en 1059, le système de l'élection des Papes et achève l'organisation intérieure de l'Eglise, clôt cette troisième époque et, du même coup, la première période de l'âge chrétien.

La deuxième grande période commence. Elle a pour objet de *régler les relations du pouvoir spirituel et du pouvoir temporel*; et elle se subdivise, comme la première, en trois époques secondaires. — La première de ces époques, qui est la quatrième de l'histoire chrétienne, commence avec Grégoire VII. Elle comprend toute la série d'efforts dont le but fut d'*établir la suprématie du pouvoir spirituel et de forcer le pouvoir temporel à remplir ses fonctions chrétiennes.* Le peuple, représenté par les serfs, les vassaux, les membres des corporations ouvrières, aida l'Eglise à poser et à soutenir cette thèse dont il devait, tout le premier, bénéficier.

« D'abord, la loi chrétienne fut rendue commune à tous. Nul, empereur ou serf, ne put s'y soustraire. Et le peuple apprit que tous étaient égaux devant la loi de Jésus-Christ. L'oppression fut frappée d'excommunication et réprimée. Et le peuple apprit que toute fonction était une charge ou un devoir envers les inférieurs. La corruption, la vénalité des charges et des bénéfices, sous le nom de simonie, furent anathématisées et arrêtées. Et le peuple apprit que le droit aux fonctions émanait seulement du mérite ou de l'élection et point de la naissance ou de la fortune [1]. »

L'Université grandit; les communes se peuplèrent; l'industrie et le commerce naquirent; les formes originales d'un art nouveau s'adaptèrent aux formes nouvelles de la vie sociale. Ce fut l'époque la plus glorieuse du catholicisme. Elle prit fin, avec le pape Boniface VIII, vers l'an 1303. — Alors, commença la cinquième époque qui se continua jusqu'à l'insurrection de Luther et du protestantisme, en 1517. Elle est employée à *vérifier la thèse gouvernementale qu'avait posée l'Eglise.* Or il arriva en ce temps-là que le pouvoir spirituel, parvenu à son apogée, fut souillé par le contact et les intrigues du pouvoir temporel. « Le peuple vit dans le haut clergé une puis-

1. *Science de l'histoire*, t. II, p. 490.

sance seigneuriale semblable à celles contre lesquelles il luttait depuis si longtemps, et, en conséquence, il se retira de la querelle [1] ». Il douta des Papes : ce doute rendit possible la révolte du xvie siècle. — Ce fut le point de départ de la sixième époque de l'histoire chrétienne. Elle a pour objet de *juger le débat élevé entre le pouvoir temporel et le pouvoir spirituel :* tel est le sens général des révolutions qui ont éclaté depuis lors. C'est l'époque pratique et décisive. Elle dure encore. Comment s'achèvera-t-elle ?

V

Elle s'achèvera, répond Buchez, comme l'humanité voudra. — L'humanité contemporaine s'est engagée dans la voie individualiste. La Révolution française, c'est le peuple essayant de réaliser par lui-même, en dehors du pouvoir spirituel, le but d'activité institué

1. *Science de l'histoire*, t. II, p. 195.

par l'Evangile. Après s'être attachée, pendant de longs siècles, à réaliser le christianisme « sous la forme purement religieuse », la France s'attache à le réaliser maintenant « dans les conclusions politiques et sociales [1] ».

Quel était le but de la Révolution ? « Rallier tous les hommes autour d'un même centre sous le rapport de la foi politique, de la pratique sociale et de la pratique civile. » C'était bien. Mais, « égarée par les fausses lumières de la philosophie incrédule de la noblesse du XVIIIᵉ siècle et des courtisans de l'aristocratie, après avoir tout renversé, elle se trouva incapable de reconstruire [2] ». On a voulu obtenir l'affranchissement par le droit, plutôt que par le devoir : et chaque droit, en s'affirmant, s'est heurté à tous les autres.

Plus de hiérarchie des fonctions. Le pouvoir temporel domine et subjugue le pouvoir spirituel. Le droit divin de l'Etat remplace le droit divin des rois : l'un et l'autre tentent de s'établir en dehors et au-dessus de l'Eglise et du Pape. — Et le pouvoir temporel est dominé à son tour par les institutions de conservation individuelle. Abandonnés à eux-

---

1. *Histoire de la formation de la nationalité française*, t. II, *Les Carlovingiens*, conclusion.
2. *Science de l'histoire*, t. II, p. 815.

mêmes, les individus se protègent comme ils peuvent : ils vont au plus pressé ; et le plus pressé, c'est toujours, pour eux, la question du pain.

Avec quelle insistance Buchez analyse et détaille ces souffrances! Il y a deux classes d'hommes : ceux qui ont tout, ceux qui n'ont rien. Entre elles, l'abîme continue de se creuser : les riches s'enrichissent, les pauvres s'appauvrissent. Ceux qui n'ont rien travaillent : sur ceux-là, les riches prélèvent un impôt forcé qui leur permet d'être oisifs. Entre les uns et les autres sont placés des intermédiaires : les chefs d'industrie. C'est eux que Buchez plaint! Les chefs d'industrie sont en concurrence entre eux. Or, la concurrence requiert deux conditions : produire à moins de frais, vendre à meilleur compte. D'un côté, la baisse des produits; de l'autre, la baisse des salaires : l'ouvrier en est la victime. On exploite sa femme, on exploite ses enfants, on l'exploite lui-même : et, finalement, il se trouve réduit aux « salaires de famine ». Comme remède, que lui offre-t-on? L'aumône. Magnifique invention qui a seulement trois défauts : accordée par faveur, elle devient facilement un moyen de coercition; elle amoindrit l'effet du mal sans atteindre sa cause ; et, en fin de compte, ajoute Buchez, souvent prélevée sur les salaires, elle n'est qu'une restitution détournée. Aussi parle-t-on d'un autre remède, et combien plus énergique : qu'il y ait moins d'hommes ! S'il en naissait moins, les autres auraient de quoi vivre, peut-être. Raisonnement enfantin, raisonnement impie, qui se couvre du nom de Malthus, et que Buchez flétrit avec une énergie qui, parfois, ressemble à de la violence !

Toutes ces idées, exprimées un peu après 1830, — qu'on retienne cette date — sont aujourd'hui des lieux communs de la critique sociale. Buchez y est bien pour quelque chose. Si la critique, sous sa plume, est amère et presque dure, qu'on l'attribue sans doute à certaines exagérations de sa pensée, mais aussi et surtout à l'exaspération de ses sentiments. Car il est doublement blessé, par les maux qu'il se plaît à décrire, dans sa foi au progrès et dans sa foi à la morale.

C'est qu'établie sur ces bases, l'économie politique est immorale : donc, elle est fausse. Qu'on ne fasse pas aux économistes français du xviii° siècle l'injure de leur attribuer cette invention : ce n'est pas d'eux qu'elle procède, mais des Bentham et des Adam Smith. Elle est un don de l'Angleterre à la France et au

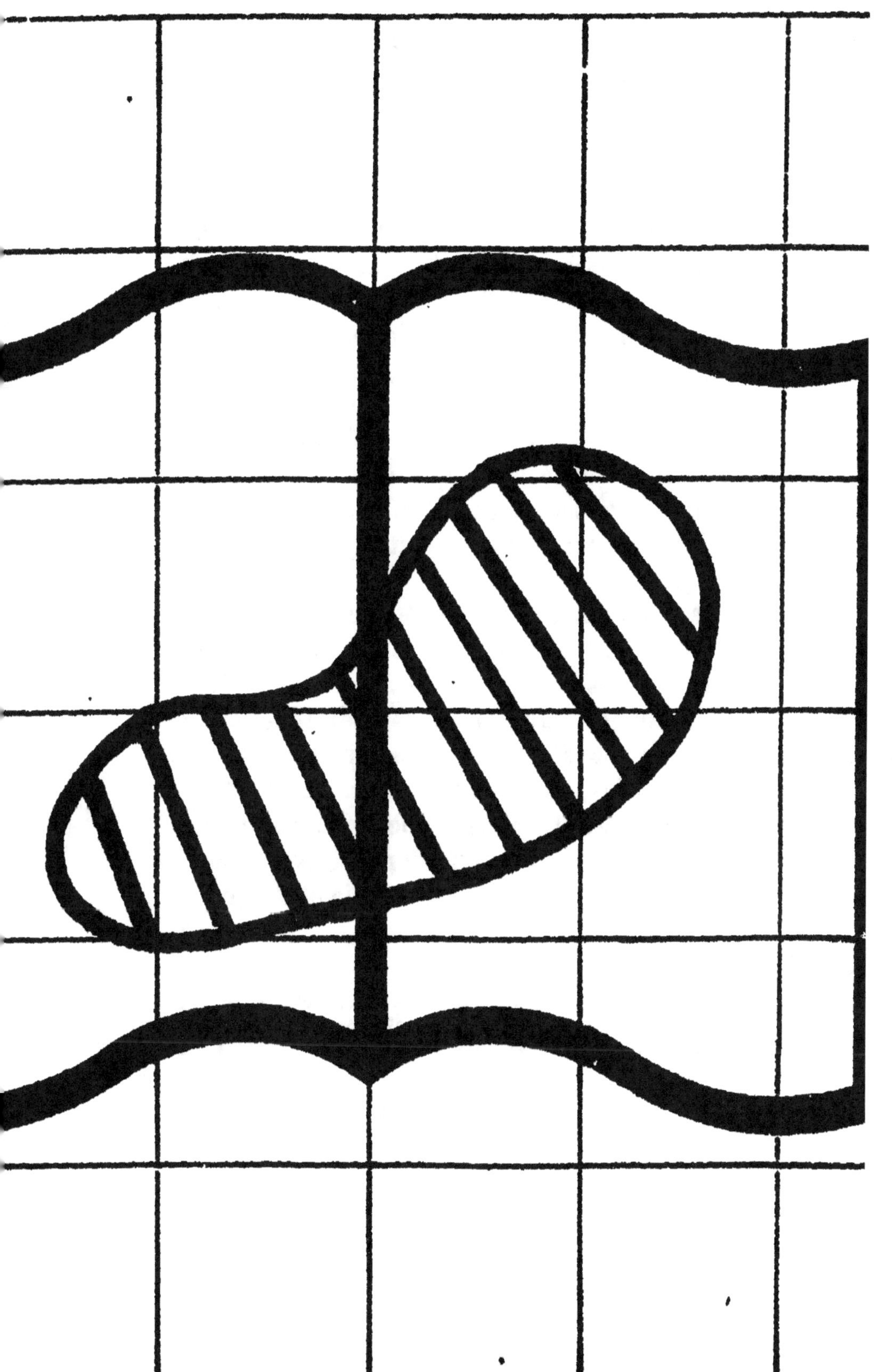

monde! — Qu'est-ce que l'économie politique, quand elle ne répudie point la morale? La science de la conservation sociale et indivi-quelle. Tout individu est fonction de l'ordre social : sa fonction doit le conserver. En raison de l'intérêt qu'elle porte — qu'elle est tenue de porter, sous peine de suicide, — à la conservation des individus, la société doit leur assurer, en échange de leur travail, une part suffisante des produits industriels, veiller à leur santé par l'hygiène privée et publique, favoriser leur développement moral et intellectuel par l'éducation et l'instruction [1].

Mais comment la société remplira-t-elle cette tâche, si le désordre est dans son propre sein, si l'enseignement de son but d'activité est abandonné aux opinions individuelles, si les institutions de conservation sociale sont bouleversées, si le soldat domine l'apôtre? Aussi n'y a-t-il de salut pour les individus, et d'avenir pour l'économie politique que dans la reconstitution de la hiérarchie et de l'unité sociales.

---

1. Buchez a exposé, dans le t. Ier de la *Science de l'his-toire*, (pp. 1-30) la partie critique, et dans le t. II du même ouvrage (pp. 480-495) la partie positive de ses théories éco-nomiques.

Que fera la France?

Opérera-t-elle « volontairement, avec intelligence, l'œuvre de réalisation politique de la doctrine chrétienne »; ou bien se contentera-t-elle d'attendre « un achèvement imparfait de cette réalisation par l'effet des impulsions aveugles, des rivalités nécessaires et des concurrences fatales produites par les tendances que le christianisme a fondées [1]? »

Buchez a l'espérance! « La grande nation, écrit-il, revient à la foi de ses pères [2]. » Elle suivra le chemin que lui-même a suivi. — Sans doute, transformer et christianiser l'Etat, lui communiquer la puissance et la volonté d'accomplir sa mission normale, qui est la conservation matérielle du but d'activité dont l'Eglise est la gardienne et l'interprète, ce ne sera pas une tâche aisée. Mais, déjà, l'Etat subit lui-même une influence qui deviendra salutaire. Le peuple, dont l'Eglise doit, au point de vue économique et matériel, se constituer comme autrefois la bienfaitrice, rendra à l'autorité spirituelle sa place, dans la société future dont il sera l'arbitre. Le pouvoir spirituel, pour être assuré de son avenir,

1. *Science de l'histoire*, t. II, p. 508.
2. *Science de l'histoire*, p. 505.

n'a qu'à se maintenir quelque temps, « c'est-à-dire tout le temps nécessaire pour que le mouvement ascensionnel des catégories inférieures de la société subalternise et modifie ce pouvoir de César qui est redoutable encore aujourd'hui, seulement parce qu'il se prétend héritier des privilèges des anciennes castes guerrières [1]. »

Ce résultat ne s'obtiendra point sans de vigoureux et persévérants efforts. C'est à chacun d'y contribuer, à l'Eglise surtout. A elle, au clergé qui la représente, d'avoir la conscience nette du but social, d'enseigner ce but avec courage, de l'appliquer avec ténacité. De cet appel aux prêtres qui a rempli, d'une façon ou de l'autre, tout le XIXe siècle, Buchez se fait l'écho à son tour dans une page éloquente qu'il faut citer en entier :

« C'est au clergé catholique que tombe la plus rude tâche. De ce clergé, dont on exige déjà tant, on exigera plus encore. Il faut qu'il soit aussi intelligent que dévoué, et qu'il n'oublie pas que son royaume est le royaume de l'intelligence et de l'esprit; il faut que, l'œil fixé sur l'avenir, ayant toujours présent à la pensée le sens de sa prière de chaque jour : *Notre Père, que votre règne arrive!*

______

1. *Traité de philos.*, t. III, p. 524.

il soit semblable au père de famille de la parabole
évangélique, qui, chaque jour, tire des choses
nouvelles de son trésor. Il faut qu'il devienne ce
qu'il fut dans les premiers siècles de l'Eglise, ne
craignant ni les persécutions, ni les colères, ni les
violences du pouvoir temporel, ami de tous ceux
qui souffrent, défenseur de tous les pauvres, obstacle à tous ceux qui oppriment. Prêtres, vous
êtes la colonne lumineuse qui doit nous guider sur
la voie inconnue de l'avenir. Vous portez l'arche
sainte devant laquelle le flot des mauvaises passions doit être abaissé. Prêtres, n'abdiquez pas
votre tâche; ne laissez pas la France porter seule
le fardeau et la responsabilité! Ne maudissez pas
les tentatives que nous avons faites, ni celles que
nous pourrons faire. Ne vous attachez pas à ce
qui est périssable, mais à ce qui ne périt point.
C'est parce que vous êtes restés immobiles, c'est
parce que vous avez cessé de nous montrer la
route, que nous avons cherché nous-mêmes et que
nous nous sommes égarés. C'est parce que vous
êtes attachés à ce qui meurt, que le peuple, qui
ne meurt pas, vous a momentanément abandonnés.
Marchez en avant, et le monde vous suivra! Le
salut de l'Europe sera assuré le jour où le clergé
lui aura donné un nouveau Grégoire VII, et la
France un nouveau Charlemagne ¹! »

Nous voilà loin des hautes spéculations mé-
taphysiques et du temple serein des sages. Mais

____

1. *Science de l'histoire,* t. II, p. 508.

quel est l'arbre qu'on ne doit pas juger à ses fruits? Et quelle est la « philosophie » que l'on connaîtrait bien, si l'on n'en saisissait sur le vif les conséquences immédiates dans l'ordre économique, politique, social? La « philosophie réformée » de Buchez fut avant tout une philosophie « pratique » ; et se conformerait-on à son principe le plus essentiel si l'on ne jugeait de sa valeur intellectuelle d'après sa valeur morale ?

.*.

« Si quelque chose dans ce travail se trouvait constituer la moindre opposition aux vérités sanctionnées par l'Eglise, nous y renoncerions aussitôt que nous serions avertis; et ce désaveu de notre part ne serait pas un pur acte d'obéissance, mais un acte de raison, de devoir et de justice [1]. »

Que pourrions-nous dire qui montrât mieux que cette noble déclaration la parfaite droiture des intentions de Buchez, et le sens vraiment catholique qu'il voulait donner à ses efforts? Et pourtant, il lui a manqué de mettre en regard des aspirations fondamentales et légitimes de son siècle, les affirmations offi-

---

1. *Science de l'histoire*, t. II, p. 254.

cielles et vraiment autorisées de l'Eglise.
En cherchant son point d'appui, non pas dans
le dogme tel quel, mais dans les conclusions
hâtives d'une philosophie de combat qui
n'avait de catholique que la bonne volonté,
il a manqué son but et compromis son œuvre.
Son système, établi en marge et à côté du catholicisme, ne devait pas durer plus que sa
personne. Seule, l'altération que sa pensée a
subie au contact des préventions populaires
prouverait que les parties en étaient mal liées,
et que cet essai de synthèse entre la société
religieuse et la société civile fut, en plusieurs
points très importants, un alliage discordant
de principes contradictoires plutôt qu'une véritable synthèse.

Malgré tout, et moins par sa doctrine que
par ses pressentiments, Buchez reste un précurseur. En s'appliquant à découvrir dans la
société religieuse la source de quelques-unes
des tendances les plus profondes de la société
moderne ; en montrant dans le Pape l'initiateur et le régulateur nécessaires des réformes
sociales, ce traditionnaliste révolutionnaire a
prophétisé et devancé son temps. C'est assez
pour sa gloire. L'histoire de certains hommes
n'est parfois que l'histoire anticipée d'un siècle. Si le chemin qu'ils ont suivi ne mène à

Rome qu'après de longs et périlleux détours, ils ont au moins le mérite de l'avoir frayé les premiers. Ils l'ont frayé tel quel, sans doute ; mais enfin, c'est un chemin. Après eux, il n'y a plus qu'à l'élargir, à le redresser, à l'aplanir pour faire, de ce sentier perdu où s'égaraient quelques hardis passants, une route vraiment nationale où puisse s'engager tout un peuple.

III. — LES DISCIPLES
DE BUCHEZ

Buchez eut des disciples. Sa philosophie devint la doctrine d'une école, le programme d'un parti, le centre de ralliement d'un groupe assez compact d'hommes de lettres et d'hommes du peuple. De cette école, de ce parti, de ce groupe, voulons-nous, dès maintenant, apprécier l'importance ? Pénétrons dans l'immense palais élevé, en 1848, pour recevoir les neuf cents représentants du peuple, et tâchons de nous reconnaître au milieu de cette cohue où, de l'extrême-droite à l'extrême-gauche, tous les systèmes ébauchés depuis le commencement du siècle ont leurs défenseurs et leurs prosélytes. Du côté le plus en vue de la salle des délibérations, qui trouvons-nous ? Buchez

lui-même, représentant de Paris ; et, autour
de lui, Roux-Lavergne, son collaborateur ;
Arnauld de l'Ariège, dont la carrière parlementaire ne fait que commencer ; Jules Bastide qui va devenir ministre des Affaires
étrangères. Tout près d'eux voici un ouvrier :
Anthime Corbon, représentant de Paris comme
Buchez, que ses collègues, pour honorer la
« blouse », ont nommé vice-président de
l'Assemblée ; le serrurier Gillaud et le me-
nuisier Agricol Perdiguier, ses amis, ont
obtenu comme lui-même les suffrages populaires. Derrière tous ces élus, disciples et par-
tisans de Buchez, on entrevoit sans peine des
milliers d'électeurs.

I

Ces succès furent le résultat d'efforts très
lents et très obscurs. Il y avait près de vingt
ans que Buchez s'appliquait à recruter et à
former des disciples.

Dès 1831, il fondait, pour mûrir en même temps que pour répandre ses idées, une revue éphémère : *l'Européen*. Ce « journal des sciences morales et politiques » comptait presque autant de rédacteurs que de lecteurs. Cinq cents exemplaires, cent abonnés : Buchez était bien loin de la députation ! Et, pour comble d'infortune, la publication disparut au cours de 1832, pour reparaître encore de 1835 à 1837 comme « journal de morale et de philosophie », avec le même programme, la même rédaction et, sans doute, les mêmes lecteurs ; Buchez et ses amis avaient la volonté de vivre.

Mais le véritable manifeste de l'école fut *l'Introduction à la science de l'histoire*, publiée pour la première fois en 1833. Ce livre admirablement suggestif eut la bonne fortune d'éveiller la pensée et d'orienter l'activité de quelques esprits d'élite. Sous prétexte d'histoire, c'était la philosophie et l'économie politique, le droit public, et l'éducation, la physiologie et la médecine que Buchez aspirait à renouveler. Et chacune de ces sciences fut, en effet, sous son impulsion, l'objet de travaux considérables qu'il énumérait dix ans plus tard, dans la deuxième édition de son livre, avec une bien légitime complaisance.

Pour vérifier et développer les théories sociales et religieuses qu'il avait exposées dans cet ouvrage, Buchez entreprit de publier les quarante volumes de l'*Histoire parlementaire de la Révolution française* pour laquelle il n'écrivit pas moins de trente-trois préfaces. Pour cette vaste compilation, il eut du reste un collaborateur actif en la personne de Roux-Lavergne. Mais ce ne fut pas l'un des plus fidèles. Professeur à la Faculté des lettres de Rennes et, plus tard, collaborateur de Louis Veuillot à l'*Univers*, il finit par entrer dans les ordres, en 1855 ; et devenu prêtre, il enseigna la théologie au grand séminaire de Nîmes. Il publia, outre un manuel de philosophie *juxta doctrinam sancti Thomæ*, une introduction à une édition populaire des Evangiles et une étude plus importante intitulée : *De la philosophie de l'histoire.*

Dans ce dernier ouvrage, Roux-Lavergne expose tout au long les raisons qui l'amenèrent à se séparer de Buchez :

« Nous qui entreprenons d'examiner ici la doctrine de M. Buchez, écrit-il, nous l'entendîmes pour la première fois vers la fin de 1830, quelque temps après sa rupture avec les saints-simoniens. Catholique de conviction, et n'ayant jamais été autre chose, nous accueillîmes avec plaisir des idées dont

le système nous paraissait reposer sur ce point, à
savoir que l'Evangile, catholiquement interprété,
était l'unique source où il fallait chercher des solutions pour tous les problèmes de philosophie, d'organisation sociale, d'art et d'industrie, qui agitaient
alors la France.

Matérialiste dans sa jeunesse, M. Buchez, à l'é-
poque où nous l'avons connu, professait le spiritualisme le plus pur ; il avait horreur du panthéisme,
ses intentions étaient droites. En adoptant les idées
de Saint-Simon, dans les termes où il les a résu-
mées, M. Buchez avait été conduit au spiritualisme
chrétien, par ses méditations sur la loi du progrès,
étudiée à la lumière de la morale du devoir et de
la méthode des causes finales de l'école de Cuvier,
à laquelle il s'était rallié. Il avait une foi pleine et
entière dans les formules qui lui avaient fait faire
ce grand pas, et il pensait qu'elles trouveraient
une rigoureuse vérification dans les dogmes catholiques. Là est le principe des erreurs où M. Buchez
est tombé, suivant nous, à mesure qu'il en est venu
à systématiser et à appliquer sa doctrine...

Pour nous qui n'avions qu'une confiance très secondaire dans le critérium moral, dans la loi du
progrès, dans la fonction de l'humanité, c'était
surtout au catholicisme et à la métaphysique consacrée par ses docteurs que nous demandions des
lumières. Aussi, dès avant 1837, y avait-il entre
M. Buchez et nous de nombreuses dissidences sur les
points fondamentaux de la religion et de la philosophie. Dix ans plus tard, nous partagions encore
quelques-unes de ses vues historiques et politiques.
L'expérience des deux années qui viennent de s'é-

couler n'a rien laissé debout dans notre esprit des formules de son école. [1] »

Buchez eut des disciples plus fidèles. Les uns, comme Bouland dans son *Essai sur l'histoire universelle* et son *Histoire des transformations morales et religieuses des peuples*, développaient ses idées sur les révélations bibliques et la filiation des races, des nations et des cultes. Ses idées sur la classification des sciences trouvaient dans le docteur Belfield-Lefèvre un interprète exact ; et ses idées sur le développement physiologique et les « fonctions et maladies nerveuses dans leur rapport avec l'éducation sociale et privée, morale et physique » avaient un commentateur habile dans le docteur Cerise.

D'autres, enfin, comme Jules Bastide dans la *Revue Nationale* (mai 1847-juillet 1848) le suivaient sur le terrain plus brûlant de l'application politique. — Sur tous les terrains à la fois, on retrouve le docteur Ott. Philosophie, histoire, économie politique : il aborde tous les

---

1. *De la Philosophie de l'histoire*, par ROUX-LAVERGNE, docteur ès-lettres, Liv. II, ch. VII, p. 178-180. — Ce volume est le premier d'une collection publiée sous le nom de « Bibliothèque nouvelle » et sous la direction de Louis Veuillot, par une Société d'écrivains catholiques (1850).

problèmes. Il mérite ici une mention spéciale à cause de son *Traité d'économie sociale, ou l'économie coordonnée au point de vue du progrès* (1851) : c'est par ce livre surtout que certaines conceptions de Buchez sont parvenues à nos contemporains.

II

Dans une note de son livre : *le Peuple*, Michelet, après avoir reproché aux auteurs « néo-catholiques » de l'*Histoire parlementaire* ce qu'il appelle leur « tristes paradoxes », [1] ajoute ces lignes suggestives : « Je n'aurais pas fait cette observation, si l'on ne s'attachait à répandre ces étranges folies, par des journaux à bon marché, dans le peuple et parmi les travailleurs qui n'ont pas le temps d'examiner ». C'est que Buchez n'avait pas que des lettrés

---

1. M. Henri Joly, a reproché également à Buchez et à Roux d'avoir fait dans cet ouvrage l'apologie de l'assassinat. (*Le Socialisme chrétien*, § IV : La crise de 1848. — Dans le *Correspondant*, 25 déc. 1891, p. 1005).

autour de lui : parmi les ouvriers il comptait des disciples et des amis dévoués. Un journal, l'*Atelier*, groupa pendant dix ans (1840-1850) ces travailleurs d'élite et formula leurs revendications communes. Buchez, sans y écrire jamais, ne cessa de l'inspirer. L'*Atelier* avait pris pour épigraphe le mot de saint Paul : « Celui qui ne veut pas travailler ne doit pas manger ».

Que voulait-il ?

« Se faire auprès des pouvoirs, et devant l'opinion, l'expression la plus sérieuse et la plus vraie des besoins et des sentiments de la classe laborieuse ; réagir contre certaines idées immorales et extravagantes qui ont cours parmi la classe ouvrière ; développer chez les ouvriers le sentiment de leur valeur comme producteurs et de leur dignité comme citoyens, leur apprendre à avoir plus de confiance en leurs propres forces, à compter davantage sur eux-mêmes, et moins sur cette décevante providence qui est l'État ; pousser sans cesse les travailleurs à la conquête de leur instrument de travail par l'association libre et volontaire ;... en toutes choses faire prédominer l'intérêt moral sur l'intérêt matériel. »

Tel était le but poursuivi par l'*Atelier*. Pour étudier ces formules et réaliser ce programme les hommes ne manquaient point. Au premier

rang d'entre eux, on distinguait Anthime Corbon. Fils de pauvres cultivateurs de la Haute-
Marne, il apprit et pratiqua excellemment, en
peu d'années, les métiers fort divers de pein-
tre, de typographe et, finalement, de sculpteur
en bois ; écrivain par surcroît, il mit au service de ses camarades, en divers opuscules,
son expérience et son talent. Les pages qu'il a
consacrées à l'*Enseignement professionnel* [1],
méritent encore aujourd'hui d'être lues et mé-
ditées. Il y proteste contre les lacunes et la
routine de l'apprentissage agricole et industriel ; et dans l'espoir de favoriser le rapprochement des classes, il réclame le développement des facultés intellectuelles chez les
travailleurs manuels et des « facultés manuel-
les » chez les travailleurs intellectuels des
professions libérales.

Autour de Corbon se groupaient de nombreux amis : le serrurier Gillaud et le menui-
sier Agricol Perdiguier qui, en 1848, furent
comme lui-même, membres de la Représentation nationale ; le typographe Pascal, le des-
sinateur Petit-Girard et le margeur Claude
Genoux ; d'autres encore, comme Chevé, autour d'un certain nombre d'écrits, (entre

1. Un vol. de la **Bibliothèque utile**. (Alcan.)

autres, *Catholicisme et Démocratie, ou le Règne du Christ*, 1842), et H. Leneveux, ouvrier typographe qui devint conseiller municipal de Paris : Leneveux fonda la *Bibliothèque utile* dont le but était de populariser les éléments de toutes les sciences ; Buchez et Bastide y collaborèrent et il y publia lui-même des études fort pratiques : une surtout, *Paris municipal*, où il développe cette formule et exprime ce vœu : « Paris sans pauvres, par l'assurance d'un minimum de subsistance et d'asile pour tout être qui ne peut pas ou ne peut plus travailler ».

Voulons-nous connaître, par un exemple concret, l'idée que ces hommes du peuple se faisaient de leur métier et de leur développement intellectuel ? Laissons Corbon nous présenter lui-même dans le dialogue suivant, son ami le serrurier Gillaud :

— Vous avez connu G... l'ouvrier serrurier du faubourg ?

— Oui, je l'ai connu un peu.

— Eh bien, vous devez savoir qu'il jouissait, comme homme et comme ouvrier, d'une excellente réputation. C'était, dans sa partie, ce que l'on appelle un ouvrier de premier choix.

— C'est vrai : je l'ai entendu dire maintes fois.

— Il n'était pas, celui-là, dédaigneux le moins

du monde de son état ; il le faisait même avec plaisir. C'est à cause de cela qu'il ne manquait jamais de besogne et qu'ayant toujours à faire le fin ouvrage, il gagnait d'autant mieux sa vie.

— Je le sais.

— Eh bien, cela n'empêchait pas notre ami G... de donner une assez large satisfaction aux besoins de son esprit, après l'avoir appliqué au travail quotidien. Il était parvenu, avant son mariage, à se former une belle et bonne bibliothèque ; et s'il chômait le lundi, pour n'être pas tout seul à l'atelier, c'était avec ses livres qu'il passait tant de journées que d'autres passent... vous savez où ?... Il profita si bien de ses livres qu'il put écrire certaines pages qui, au dire des juges compétents, attestaient une vocation littéraire des mieux marquées. Ce fut précisément ce talent, joint au mérite de l'ouvrier, qui valut à G... d'être appelé par ses concitoyens à les représenter dans une assemblée souveraine.

— Oui, oui, je sais bien.

— Mais ce que vous ignorez peut-être, c'est que, rentré dans la vie privée et après avoir acquis un certain renom comme écrivain, notre ami G..., reprit ses outils de serrurier sans la moindre peine ; et si la mort ne nous l'avait enlevé, il façonnerait encore ses serrures et ses clefs aussi bravement qu'au temps où il était à cent lieues de croire qu'il pût jamais faire œuvre d'esprit ; je l'ai vu, dans la dernière période de la maladie, essayer encore de travailler. Il me disait : « J'aime mon état, j'aime mes outils autant que mes livres ; et, lors même que j'aurais pu vivre de ma plume,

je n'aurais pas voulu cesser d'être ouvrier serrurier... » Voilà le modèle que je vous offre, mon
cher camarade... [1] »

Cependant la fusion s'était mal faite, dans
ces âmes d'ouvriers, entre la foi catholique et
leurs idées républicaines et sociales ; et, peut-
être était-il en effet, difficile qu'elle se fît
bien. Une évolution, dont il serait utile et intéressant d'étudier les causes, amena plusieurs
d'entre eux à devenir, vers la fin de l'Empire,
les collaborateurs anticléricaux du *Siècle*.
Dans son opuscule sur l'administration mu-
nicipale de Paris, Leneveux réclame la séparation de l'Eglise et de l'Etat, la laïcisation
des hôpitaux et de l'enseignement. Que repro-
chaient-ils donc à l'Eglise ? Corbon va nous
l'apprendre. En le citant lui-même, nous
montrerons mieux sur combien d'ignorances
ce malentendu reposait :

« Pour le formuler nettement, écrivait-il, je repousse l'idée que la terre soit un lieu d'exil, où
l'homme, transporté à vie, ne serait tenu de travailler que pour vivre et ne vivrait que pour
expier, sans que son action eût la moindre valeur
aux yeux de Dieu. Je trouve beaucoup plus ration-

1. CORBON, *L'Enseignement professionnel*, p. 191.

nel, plus moral et plus consolant de croire qu'au lieu d'être une Cayenne immense, la terre est un immense atelier livré à la libre activité de l'homme, à son génie transformateur. Ce point de vue nouveau s'accorde aussi parfaitement avec les persistantes aspirations de la nature humaine que l'ancien point de vue leur est absolument contraire. »

Le point de vue « ancien » est attribué à l'Eglise, et le point de vue « nouveau » à la Révolution. A quoi tend la Révolution ?

« A compléter l'œuvre ébauchée par le christianisme, c'est-à-dire la rédemption terrestre de tous les abaissés et de tous les opprimés d'une manière quelconque qui, repoussant l'idée décourageante de l'expiation, transforment le lieu d'exil en domaine à exploiter, le bagne immense en un immense atelier, et relevant l'homme de son indignité prétendue, l'élèvent au rôle glorieux de collaborateur de Dieu ;... la Révolution inaugure l'ère héroïque du travail : le secret du peuple est d'être la force instinctive qui pousse au développement de ce nouveau principe rédempteur. » [1]

En somme l'Eglise, en s'attachant au ciel et à la vie future, détache et détourne l'activité humaine de la terre et de la vie présente, et par conséquent, elle mutile et amoindrit la

____

1. CONDON, *Le Secret du peuple de Paris*, concl. (1865.)

vie : voilà le reproche. Pour être ancien, il n'en est pas mieux fondé : car n'est-ce pas justement en excitant et en aidant l'homme à détruire dans la mesure du possible, au point de vue moral et matériel, les consé-quences terrestres de la faute originelle, que l'Eglise l'achemine vers le ciel ? La terre n'est donc pas l'obstacle, mais l'instrument de cette glorification posthume. Et il eût suffi d'un complément d'instruction religieuse pour enlever tout objet — et tout prétexte — à cette querelle [1].

1. De curieuses tentatives d'organisation corporative sont dues aussi à l'initiative de Buchez et de ses disciples. Dès 1831, quatre ouvriers bijoutiers avaient fondé, sous la raison sociale Leroy-Thibaut et Cie, une *Association des ouvriers bijoutiers en doré* qui se maintint jusqu'en 1870. Seuls pouvaient en faire partie les catholiques pratiquants ; les réunions commençaient par la lecture d'un passage de l'Evangile, etc. Dans la pensée des fondateurs, cette société et les sociétés similaires, — comme, par exemple, l'*Association des rubaniers*, établie à Saint-Etienne en 1841 — devaient être ouvertes à un nombre illimité de mem-bres ; le capital social ne devait jamais être partagé entre les associés qui, au contraire, étaient tenus, pour l'ac-croître, d'abandonner chaque année le cinquième de leurs bénéfices. Le but était d'englober dans chaque association tous les travailleurs d'une même localité, et d'arriver, par une union des associations de toutes les localités et de tous les métiers, à empêcher les ouvriers de se ruiner les uns les autres par la concurrence.

IV. — BORDAS-DEMOULIN,

François HUET

Jean Bordas-Demoulin naquit, le 22 février 1798, dans un hameau de la Dordogne, de parents pauvres qui lui furent prématurément enlevés : ce fut sa première rencontre avec la misère. Une tante pieuse le recueillit et l'éleva : en même temps que la misère, il rencontrait la religion ; et ni l'une ni l'autre ne lui fut désormais étrangère.

Après avoir suivi comme externe les cours du collège de Bergerac, il vint à Paris. Tout jeune, il avait l'esprit plein de questions et voulait interroger les livres. Il trouva des livres, mais n'eut pas toujours de pain. Il lui arriva même un jour de n'avoir plus, comme le Juif-errant de la légende, que quatre ou cinq sous dans sa poche. Que pense-t-on qu'il en fit ? La philosophie a ses héros : il les employa à payer l'entrée d'un cabinet de lecture ! C'est au sortir de là qu'exténué, mourant de faim, Bordas fut recueilli par un excellent prêtre, l'abbé Sénac, qui remplissait au collège Rollin les fonctions d'aumônier ; et c'est par l'abbé Sénac qu'il connut François Huet, alors professeur de philosophie à l'Université de Gand. Toutes les joies lui survenaient ensemble : en même temps que d'insignes bienfaiteurs, il trouvait dans ces deux hommes des disciples dont l'un du moins lui demeura fidèle et fut jusqu'à sa mort, et même au-delà, son assidu collaborateur. Une école nouvelle était fondée.

I

Spiritualiste et révolutionnaire, chrétien-social et gallican, Bordas s'est fait, semble-t-il, un jeu de réconcilier dans ses livres les doctrines les plus opposées. Et comme c'est dans les notions les plus ardues de la métaphysique — et notamment dans la théorie des idées — qu'il trouve le secret de ces étranges rapprochements, il est nécessaire de nous y arrêter d'abord.

Les idées sont, d'après Bordas, « la propriété dont jouit l'âme d'être la représentation de toutes choses » : ainsi, c'est par l'idée de nombre que nous nous représentons ce qui se rapporte à l'ordre mathématique, comme nous nous représentons par l'idée d'honnêteté ce qui se rapporte à l'ordre moral. — Or, les choses se ramènent toutes « aux choses de perfection et aux choses de grandeur » : la substance, en effet, ne consiste pas seulement dans l'étendue, comme le veulent les mécanistes, ni seulement dans la force, comme l'affirment les dynamistes, mais tout ensemble dans l'étendue et dans la force. L'étendue et la force, ou, en d'autres termes, la quantité et la vie, la grandeur et la perfection : tels sont, en dernière analyse, les éléments qui la constituent et qui se combinent à doses inégales dans tous les êtres. — Et les idées se distinguent donc, comme les choses qu'elles représentent, en idées de perfection et en idées de grandeur ; « l'ensemble des rapports de perfection et des rapports de grandeur, ou la vie et la quantité : voilà ce qui fait la pensée en tant que substance. » Les idées ne sont pas une modalité, un attribut de l'âme ; elles en forment l'essence, elles sont l'âme elle-même [1].

Or, il y a dans les idées qui sont en nous, qui sont nous-mêmes, quelque chose d'universel et d'éternel qui nous dépasse, êtres limités que nous sommes, et nous force d'en chercher plus haut et plus loin que nous l'origine. « Les idées générales qui constituent l'esprit créé sont la copie des idées générales qui constituent l'Esprit créateur. » Les raisons qui subsistent en Dieu comme Raison souveraine et incréée, subsistent en nous comme raison subalterne et créée. Et c'est par là que nous sommes l'image de Dieu et portons dans notre âme, très visiblement, son empreinte. « Il suit de là que nos idées dépendent immédiatement des idées divines, et qu'elles doivent sans cesse s'élever à elles pour se soutenir et être dans leur force. » L'union de l'esprit de l'homme et de l'Esprit de Dieu,

1. M. BORDAS, *Le Cartésianisme*, t. II, Théorie de la substance. — Sur cette distinction des idées de perfection et des idées de grandeur, Bordas appuie la distinction des *sciences morales* et des *sciences mathématiques*, et il blâme ceux qui tentent d'appliquer aux unes la méthode des autres.

l'union de l'homme et de Dieu, devient ainsi la condition absolue de la vie pleine et progressive.

Voilà donc, selon Bordas, la vraie philosophie. On la reconnaît à ce signe qu'elle affirme la présence simultanée et la corrélation forcée des idées humaines et des idées divines en nous. Et elle a ce double caractère de nous permettre d'affirmer directement et positivement, dès que nous pensons, notre propre existence, puisque nos idées, c'est nous-mêmes, et l'existence de Dieu, puisque nos idées correspondent aux idées divines. Je pense, donc je suis ; donc Dieu est. — Avec Zénon ou Spinoza, qu'on exclue de la pensée les idées humaines pour n'y laisser que les idées divines, on a le panthéisme : ce n'est plus nous qui pensons, mais Dieu qui pense en nous. Qu'on exclue, au contraire, les idées divines pour ne garder que les idées humaines, l'homme « n'est plus capable d'aucune connaissance effective puisque dans toute connaissance effective il entre quelque vérité éternelle » ; et, avec Kant et Fichte, par exemple, on aboutit tôt ou tard au subjectivisme. Qu'on exclue enfin les idées humaines et les idées divines tout ensemble pour s'en tenir aux sensations, on anéantit la pensée ; et, après Epicure,

Bacon et Hobbes, Locke et Condillac, on tombe dans l'une ou l'autre forme du matérialisme.

II

Que Bordas rapproche maintenant les principes de sa philosophie des dogmes fondamentaux du christianisme; et il ajoutera à son histoire de la philosophie une philosophie de l'histoire.

Entendons-le lui-même :

« Par les idées générales qui constituent son essence pensante, l'homme doit être intérieurement et immédiatement uni aux idées supérieures et éternelles qui constituent l'essence divine. Cette union est-elle pleine comme à l'origine, l'homme est dans sa puissance. Vient-elle à se rompre par la chute, l'homme est dégradé. Se renoue-t-elle par la réparation, l'homme se relève ; et, à mesure qu'elle se resserre, il est sans cesse en progrès. De ces révolutions intérieures qui précipitent et qui rétablissent, viennent les révolutions analogues des choses humaines ».

Sans les croyances à la perfection primitive, à la chute et à la réparation, on ne peut rien comprendre aux faits historiques et à leur enchaînement.

« Avec elles ils s'expliquent d'une manière aussi certaine, quoique moins détaillée, que les mouvements des astres avec l'attraction et les lois de Kepler [1] ».

Il faut donc que la philosophie régénérée les reprenne, s'en pénètre, et les fasse pénétrer dans les autres sciences. Telle est l'entreprise de Bordas et de son disciple François Huet : nous allons voir comment ils la conçoivent.

Puisque l'union intérieure avec Dieu est l'état normal de l'homme, tel a dû être l'état primitif. Le nier, ce serait affirmer que l'homme a été créé dans un état de séparation d'avec Dieu, c'est-à-dire mauvais, ce qui serait impie si déjà ce n'était contradictoire. La perfection originelle s'impose donc comme une vérité de raison.

Les théologiens, [2] on le conçoit sans peine,

1. BORDAS, *Mélanges philos. et relig.*
2. Voir aux *Documents*, § IV, un exposé de la doctrine catholique sur le péché originel et la rédemption.

se garderaient bien d'approuver une semblable conception. Mais ce n'est pas ce qui arrêtait Bordas, ni Huet. L'un et l'autre énumèrent les privilèges attachés à cet état de perfection originelle.

« En tant qu'il communique directement avec Dieu, l'homme est prêtre ou pontife; et, s'offrant à Dieu avec tout ce qu'il possède, il exerce le pontificat, le sacerdoce [1] ».

Qui sert Dieu règne. En même temps qu'il reste soumis à Dieu, il est par surcroît maître de soi, maître du monde. « La souveraineté suit le sacerdoce;... comme les idées, elle réside à la fois en Dieu et en nous ». Je pense, dit quelque part Huet : donc socialement je suis libre.

Voilà l'homme d'avant la chute.

« Etat vraiment naturel, où dans la force de la pensée, indépendant de tout, excepté de Dieu, l'homme était pontife et roi ; où, en paix avec la nature, en communication intime avec son Auteur, sa vie était une ravissante et perpétuelle extase ; où la terre généreuse prodiguait à son gardien tous les trésors de son sein maternel ; où la sécu-

1. HUET, *Science de l'Esprit*, t. II, 3ᵉ part., ch. IV et V, *passim*.

rité d'une immortelle espérance devait couronner tous ces bienfaits » [1]

Beau rêve ! L'homme est tombé ; il est « tombé de Dieu. » C'est offenser la raison que de le mettre en doute. Pour le vrai philosophe, la chute est « aussi certaine que le bonheur primitif et le mal présent, puisqu'elle forme l'indispensable transition de l'un à l'autre » [2]. — Dès que les idées humaines sont détachées des idées divines, l'homme en est réduit à penser, non plus par l'entendement, mais par l'imagination et les sens. Il ignore Dieu et il s'ignore lui-même. Avec l'union intérieure, immédiate, de son âme et de Dieu, il perd le sacerdoce. Dès lors, il se sent défaillir et s'efforce de ressaisir au dehors le soutien qui lui manque au dedans; si Dieu ne le prévient et n'établit la vraie religion, il en invente de fausses; et, hors de la Judée, le paganisme couvre la terre. — Privé de son point d'appui intérieur, l'homme devient incapable de résister au despotisme. Les sociétés de la chute reposent toutes sur ce principe que l'individu ne s'appartient pas et appartient tout

1. HUET, *ibid.*, p. 94.
2. ID., *ibid.*

entier à l'Etat, qui le domine et l'absorbe. L'Etat pense pour lui, dispose de lui : c'en est fait de la liberté. — Et c'en est fait aussi de la maîtrise du monde. « L'antiquité ne connut point la science de la nature, mère de l'industrie et rédemptrice temporelle de l'humanité ».

Est-ce à dire qu'on n'entrevoit pas, au milieu de l'universelle décadence du monde ancien, l'ébauche du monde nouveau ? Qu'on se garde de le croire, puisqu'on observe en Judée un mouvement religieux, à Rome un mouvement politique, en Grèce un mouvement philosophique, où l'on peut voir, malgré que tout y reste encore extérieur et charnel, la triple préparation de la restauration religieuse, politique et scientifique que devait inaugurer le christianisme.

« Enfants du christianisme et de la moderne civilisation, pourrions-nous douter de la rénovation du genre humain ?... Aux mouvements extraordinaires qui agitent le monde, à l'ardeur de progrès qui l'anime, au bruit des abus qui tombent, au règne de la justice et de la fraternité qui s'avance, ne sentons-nous pas, malgré les amertumes de la lutte et la lenteur du succès, que les antiques promesses s'accomplissent et que le Libérateur a paru ? Le mal n'est pas encore extirpé ; il vit toujours en nous, dans la nature et dans la société : le progrès mélangé, discuté, procédant par secousses, arraché par la force, payé par le sacrifice, le progrès révolutionnaire, telle est la seule digue que nous sachions encore lui opposer. Mais tout nous en donne l'assurance, l'ère de la réparation a définitivement commencé [1] ».

En rattachant l'homme à Dieu, et ses idées aux idées divines, la Rédemption le rend capable de secouer le joug des sens et de penser. Le chrétien connaît Dieu et peut s'unir directement à lui : cette vie nouvelle a son expression la plus achevée dans l'Eglise des trois premiers siècles et, en particulier, dans le monachisme. L'homme, dès lors, redevient capable de dominer la terre : de la révolution religieuse sort une révolution scientifique. Dieu retrouvé et le monde reconquis, l'homme nouveau se retrouve et se reconquiert lui-même. La liberté intérieure produit la liberté extérieure ; le christianisme religieux introduit le christianisme social dont la démocratie est la forme la plus achevée.

Cette triple révolution religieuse, scientifique et sociale constitue essentiellement la « civilisation de la délivrance » qui remplace

____

[1]. HUET, *Science de l'Esprit*, t. II, 3ᵉ part., ch. V, p. 101.

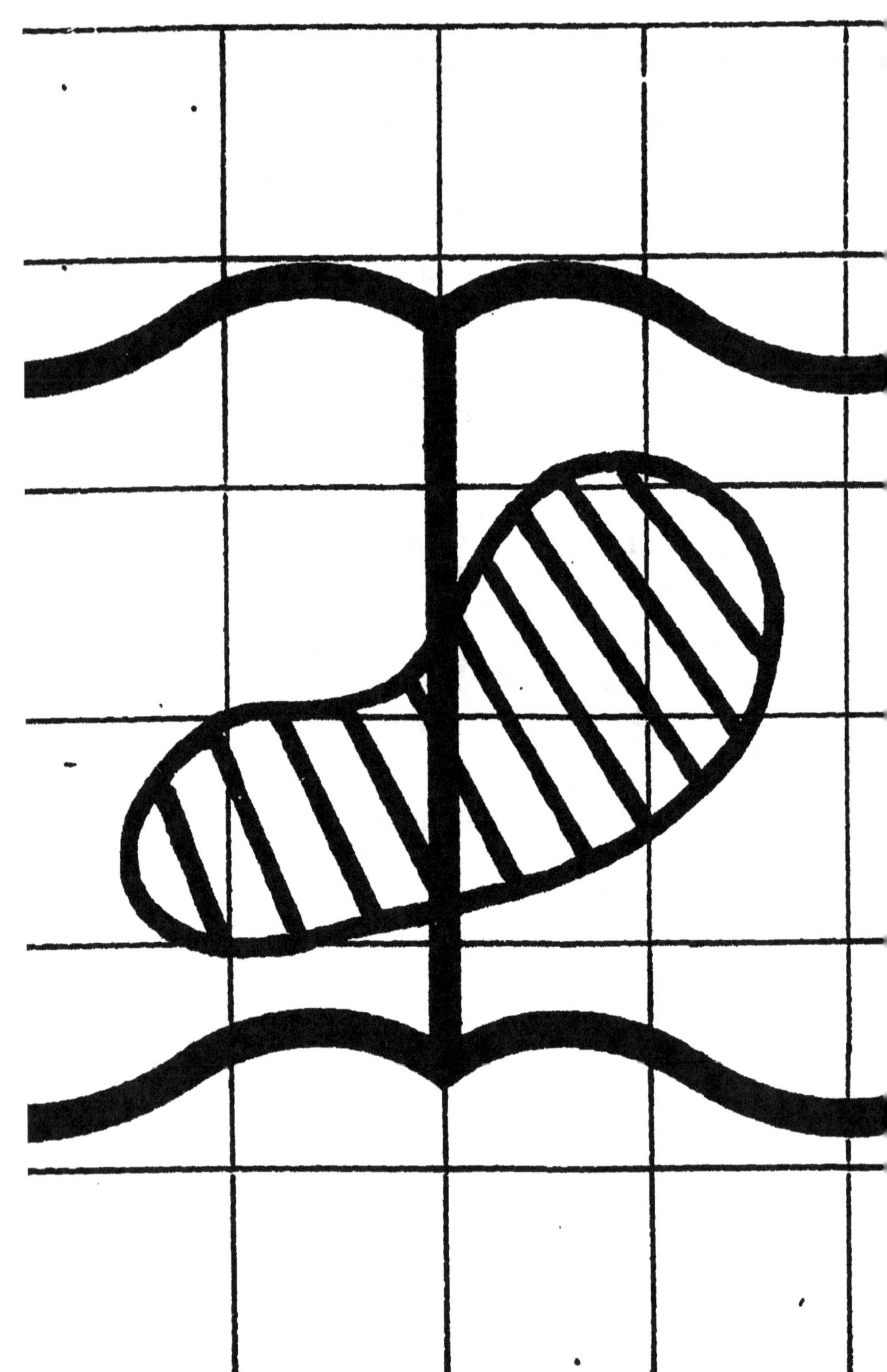

progressivement la « civilisation de la chute ».
La vraie philosophie, — et, pour Bordas, la
vraie philosophie, c'est la sienne, — contri-
bue puissamment à cette restauration. Avec
Plotin et saint Augustin, elle concourt à l'organisation de la théologie ou de la science de
Dieu ; avec Descartes, elle crée la science de
la nature ; il ne lui reste qu'à fonder, avec
Bordas lui-même, la science des sociétés et à
en appliquer les lois au gouvernement de l'E-
glise et de l'Etat.

III

Bordas écrit à sa façon l'histoire des rapports de l'Eglise et de l'Etat.

« Avant que le christianisme l'eût restauré,
l'homme ne pouvait s'élever intérieurement à
Dieu pour y chercher la règle des devoirs ; il fallait que l'Etat la lui donnât extérieurement dans
une religion positive. Cette religion, vraie chez
les Juifs, fausse chez les Gentils, mais pour les
Juifs, pour les Gentils, source de toute morale, fai-

sait corps avec l'Etat, dont elle était le fondement » [1].

Mais qu'est-il arrivé ?

Durant trois siècles, l'Eglise lutta pour obtenir la liberté d'adorer Dieu en esprit et en vérité. A la fin, elle triompha. Néanmoins le principe païen qui mettait la foi religieuse du sujet à la discrétion du souverain, se releva et se maintint.

Cette situation se prolongea durant tout le moyen-âge. Les communes commencèrent d'organiser, vers le xii° siècle, des sociétés libres et chrétiennes ; mais c'est seulement au xvii° siècle que s'accomplit cette œuvre d'affranchissement chrétien. La déclaration de 1682 n'est autre chose, d'après Bordas, qu'une réaction contre le régime païen auquel étaient assujettis depuis le iv° siècle les rapports de l'Eglise et de l'Etat. Le gallicanisme civil, en proclamant que le souverain ne relève directement que de Dieu, et le gallicanisme religieux, en affirmant que la puissance du Pape est limitée par les décisions qui émanent du corps entier de l'Eglise, tendaient à reconnaître l'autonomie de la rai-

1. BORDAS, *Les Pouvoirs constitutifs de l'Eglise*, p. 517.

son. « La négation du droit théocratique renferme logiquement l'abolition de toute religion d'Etat, et par suite la liberté et l'égalité des cultes devant la loi » [1]. C'est la Révolution française qui tira des maximes gallicanes cette conséquence : en proclamant les Droits de l'homme, elle bannit de la société le paganisme et le judaïsme civils, comme la Révolution chrétienne avait proscrit naguère le paganisme et le judaïsme religieux.

Grâce à elle, l'Eglise passe donc, d'après Bordas, d'une condition qui lui était contraire à une condition qui lui est conforme. Elle devient véritablement *la religion de l'Esprit.* « La société nouvelle professe que l'homme a naturellement la propriété de soi et de tout ce qui s'y rattache. Dans son ordre elle le traite sous ce rapport comme l'Eglise le traite dans le sien. Elles sont en harmonie. C'est pourquoi l'une doit conduire à l'autre. » [2] Qui craint que les fausses religions ne soient les seules à bénéficier de ce régime ? Il les tuera au contraire. Car elles n'ont pas ce qu'il

1. HUET, *Le Gallicanisme*, (*Revue des Deux-Mondes*, 1er janvier 1855). — Etude insérée dans les *Essais sur la réforme catholique* de Bordas et Huet. — Les mêmes idées sont développées dans la *Science de l'Esprit*, t. II, 4e part., ch. III : Droits mutuels des sociétés spirituelles et de l'Etat.

2. BORDAS, *Les Pouvoirs constitutifs de l'Eglise*, p. 538.

faut pour soutenir les regards éclairés de la raison. Et si la vérité favorise l'établissement de la liberté, la liberté à son tour le lui rend bien.

« Chose digne de remarque! C'est quand la liberté politique paraît sur la scène du monde que renaît, pour le catholicisme, l'espoir de reprendre sa forme naturelle »[1] et de remplir sa mission intégrale. Les Juifs n'attendaient qu'un Messie temporel ; il y a des chrétiens qui n'ont cru qu'à un Messie spirituel ; en découvrant les conséquences terrestres de la Rédemption et en ne les séparant pas de ses conséquences célestes, les catholiques d'aujourd'hui vont travailler à la régénération spirituelle et temporelle de l'humanité, et préparer « le règne social du christianisme. »

Qui s'oppose à cette réforme ? Les ministres de l'Eglise, prétend Bordas. En termes violents, ils déclarent qu'ils « reculent à mesure que la civilisation avance » et qu'ils s'efforcent tout simplement de « détruire le christianisme. »

Bordas distingue dans l'Eglise les pouvoirs *régénérateurs* et les pouvoirs *gouvernementaux*. Les premiers ont pour objet de relever

1. HUET, *Essais sur la réforme catholique*, p. 248.

l'humanité déchue ; ils se ramènent à deux :
le pouvoir « précatoire » et le pouvoir sacerdo-
tal, la sainteté et le sacerdoce. L'un et l'autre
« se nécessitent mutuellement ; ils constituent
l'Eglise, en quelque sorte, comme l'activité et
la quantité constituent la substance. » — Les
pouvoirs gouvernementaux ont plutôt pour
objet l'action de l'Eglise sur elle-même : leur
fonction propre est de maintenir la doctrine,
la discipline, et de choisir les pasteurs.

Or, il est arrivé, d'après Bordas, que les laïques ont été peu à peu dépossédés de la part
inférieure, mais réelle, qu'ils avaient au gouvernement de l'Eglise : ils ont cessé de juger,
ils ont cessé d'élire, ils ont même cessé d'enseigner et de participer d'une manière active
à l'infaillibilité de l'Eglise. De l'Eglise, qui
« se dérobe à toute forme gouvernementale
humaine », on a voulu faire une monarchie.
De Maistre compare l'infaillibilité à la souveraineté et attribue l'une et l'autre au Pape ;
il assimile les conciles œcuméniques aux
Etats-Généraux et les confond avec eux. Partout un idéal politique tend à dénaturer la
constitution de l'Eglise.

Et Bordas, sous prétexte de réagir contre
ces confusions, les porte à l'extrême. C'est
qu'à ses yeux le peuple a pour mission de re-

présenter dans l'Eglise la raison. Lorsque les prêtres « n'enseignent pas, ou qu'ils enseignent mal, ou qu'ils enseignent insuffisamment », les laïques les suppléent et se font docteurs. Les exclure, c'est exclure la raison, et donner libre champ à la superstition et au despotisme. Le laïcisme ne bannira plus l'Eglise, lorsque l'Eglise ne bannira plus de son sein le laïcisme et lui permettra d'être l'un des agents de la rénovation chrétienne du monde. Si le christianisme devient démocratique, conclut Bordas, la démocratie deviendra chrétienne. [1]

IV

Bordas et Huet ont essayé de nous dire quel esprit animera la démocratie qu'ils rêvent. Dans ce but, ils distinguent une double classe

1. *Les Pouvoirs constitutifs de l'Eglise*, t. I et II, *passim.* — On sait que cet ouvrage fut condamné par l'Eglise peu de temps après sa publication, précisément parce qu'il subordonne la pénétration du christianisme dans les démocraties modernes à l'introduction de la démocratie dans la constitution divine du catholicisme.

de devoirs : les uns découlent de notre *nature*
d'hommes et sont immuables comme elle ; les
autres dérivent de notre *condition* d'hommes
déchus et rachetés. C'est de ces derniers qu'ils
se sont particulièrement appliqués à détermi-
ner le rôle et l'étendue.

Parce qu'elle a mutilé notre vie physique,
intellectuelle et morale, parce qu'elle a altéré
nos rapports avec la nature, avec nos semblables et avec Dieu, la chute originelle nous
commande l'humilité. Mais parce que Dieu
nous a relevés et rachetés, parce que nous
sommes tenus de collaborer avec Lui à notre
relèvement et à notre rachat, une vertu nouvelle s'impose à quiconque veut bénéficier de
la Rédemption : c'est la vertu rénovatrice ou,
comme l'appellent Bordas et Huet, « l'esprit
révolutionnaire. »

« L'humilité et l'esprit révolutionnaire, qui se
complètent admirablement, se corrompent dès
qu'on les sépare. Sans l'esprit révolutionnaire,
l'humilité dégénère en un mysticisme béat, dont
la résignation n'est que la coupable tolérance de
tous les abus. Sans l'humilité, l'esprit révolutionnaire aboutit à un esprit de haine, de violence et
d'anarchie, luttant follement contre les obstacles
inhérents à la condition humaine, poussant dans
son délire à la révolte contre Dieu, à la rupture
des éternelles lois de la société, à l'âpre et insatia-

ble désir des jouissances immédiates, telles que,
sans sa chute, l'homme pur aurait le droit de les
revendiquer. C'est là le *faux esprit révolutionnaire*; il détruit le bien comme le mal et ne peut
servir à l'œuvre de la réparation. Pour rester dans
la vérité et la justice, il faut que l'humilité tem-
père l'esprit révolutionnaire, et que l'esprit révolutionnaire anime et vivifie l'humilité » [1].

On n'est un chrétien complet, on n'est apte
à exercer sur la société une action efficace
et salutaire qu'à la condition de réunir en
soi ces deux vertus.

En veut-on voir les applications à la vie
individuelle? Pendant que l'humilité nous invite et nous aide à supporter les maladies du
corps, les erreurs de l'esprit, les défaillances
de la volonté, l'esprit rénovateur nous excite
à lutter contre elles. Qu'on passe de l'ordre
privé à l'ordre public : d'une part, l'humilité
développe en nous le sentiment de ce qui nous
manque de liberté, d'égalité et de fraternité,
la honte des civilisations de la chute et de ce
qui nous en reste ; et d'autre part, l'esprit
révolutionnaire exige que nous travaillions
« soit à la chute des institutions anti-sociales,
soit à la fondation de celles qui rendent plus

1. HUET, *La Science de l'Esprit*, t. II, p. 254.

facile l'exercice de la fraternité et reconstituent l'unité du genre humain » [1].

Mais c'est peut-être l'ordre économique qui doit bénéficier le plus de l'influence simultanée de ces deux vérités chrétiennes.

C'est ainsi que l'humilité nous impose l'obligation de prendre part au travail, même s'il est pénible et douloureux.

« Quiconque peut travailler, a écrit Bordas, la loi éternelle lui ordonne de le faire utilement; s'il y manque, vivant de ce que les autres produisent sans rien produire lui-même, il est un voleur public ». [2]

Il ne pouvait ranger plus expressément l'oisiveté au nombre des péchés que condamne le septième commandement de Dieu. Et ce péché n'est pas nouveau !

« Le travail pénible et la parcimonie d'une nature avare, se rencontrant avec les vices de l'homme ont, dès les époques les plus reculées, chassé la justice de la société économique où ils ont introduit d'effroyables désordres dont toutes les traces sont loin d'être effacées. On s'est disputé la possession du sol, on s'en est arraché les fruits ; partout la

1. HUET, ibid.
2. BORDAS, Essais sur la réforme catholique.

propriété s'est fondée sur la violence. Tous les liens de la communauté primitive étant brisés, les terres et les capitaux se concentrèrent entre les mains du petit nombre, qui domina la masse déshéritée. Cette domination a revêtu les diverses formes de l'esclavage, du servage, du régime des castes ; aujourd'hui elle est restreinte au salariat qui livre encore les travailleurs à une grande dépendance et continue de maintenir une séparation héréditaire des professions libérales et des métiers. » [1]

L'humilité appppliquée aux rapports sociaux ne contribuerait-elle pas déjà à rendre meilleur et plus facilement supportable le sort des pauvres ? — L'esprit rénovateur va plus loin et achève cette œuvre. La chute a rendu le travail pénible, et les sentiments dont elle nous pénètre persuadent à chacun de nous d'en prendre sa part ; mais, grâce à la Rédemption, la peine généreusement endurée devient un titre de noblesse et de gloire, et il faut donc que tous ceux qui sont à la peine soient à l'honneur : tel est précisément l'objet de la Réforme économique.

« Le bien-être, ou du moins l'exemption de la misère, forme pour les masses populaires la condition

1. HUET, *Science de l'Esprit*, t. II.

absolue de la dignité, de la liberté, de la vie intellectuelle, morale et religieuse. Les biens du ciel
sont très étroitement liés aux biens de la terre...
Tout s'enchaîne ; si l'on veut un peuple religieux,
moral, philosophe, l'instruction pour tous et pour
tous l'adoration en esprit et en vérité, il faut relever, affranchir le travail, et, à l'aide d'une production plus grande et surtout d'une plus équitable répartition, faire pénétrer jusque dans les dernières
classes une simple et modeste aisance. » [1]

Pour arriver à ce but, quel chemin suivre ?
La plupart des économistes n'ont guère cru
jusqu'ici qu'à la liberté, et ils ont montré en
elle seule l'ouvrière accomplie de la justice.
Ils ont oublié de la combiner avec l'égalité et
la fraternité ; et en refusant de l'organiser,
de la « socialiser », ils l'ont rendue malfaisante.

Or, le droit de vivre est le droit élémentaire
et primordial. Il suppose, chez l'enfant, le droit
à la subsistance et à l'éducation et, chez l'a-
dulte, le droit à l'instrument de travail et à la
propriété. — Ce droit est proportionné pour
chacun à sa capacité : c'est la capacité, c'est
le mérite, qui règlent la distribution des instruments de travail et des fonctions, et il est
donc nécessaire que le droit successoral, par où

1. HUET, *Science de l'esprit*, t. II.

se règle la transmission des biens, en tienne grand compte. Il n'y saurait d'ailleurs suffire.

« ... Il faut, sous une forme ou sous une autre, admettre, au-dessus du *patrimoine familial*, une organisation des instruments de travail considérés comme le *patrimoine général*, sur lequel chaque nouveau travailleur possède un droit personnel et direct que la loi doit reconnaître et sanctionner. »

De la sorte, on obtiendrait l'égalité des conditions dans l'inégalité et la hiérarchie des professions.

« En tout, la faveur de l'opinion s'attacherait au mérite et à la vertu. Le hasard de la naissance ne précipiterait plus tous les enfants d'une même famille ou vers les professions libérales ou vers les métiers plus communs. Il ne serait pas rare qu'un père eût un de ses fils charpentier ou maçon avec un autre avocat ou médecin. Les états et les hommes se mêleraient sans cesse, et dans une politesse égale, dans des usages communs, s'évanouirait l'orgueilleuse distinction des conditions et des classes. C'est le vœu du chrétien, du philosophe et du véritable homme d'Etat. » [1]

1. HURT, *Le règne social du christianisme*, l. III, ch. IX. — Cf. *Science de l'Esprit*, t. II, 4° part., ch. V, Sect. III, p. 393-4.

Chacun, possédant selon sa capacité, pourrait alors jouir selon ses œuvres. Mais pour que cette maxime, qui domine l'ordre surnaturel comme l'ordre économique, puisse s'appliquer, il est nécessaire qu'un meilleur régime du travail s'établisse et s'inspire des règles éternelles de la justice. « L'accord volontaire des contractants doit manifester la justice, il ne la constitue pas » [1]. Deux réformes sont destinées à hâter ce règne du droit : la liberté d'association et l'intervention de l'Etat.

« Les abus d'un passé où le privilège écrasait tout, ont discrédité l'idée de la corporation ; mais elle a ses fondements dans la nature des choses et nous croyons qu'elle est destinée à se relever sous des formes plus libérales et à devenir un puissant moyen de justice sociale. L'intervention de l'Etat a principalement sa place dans l'ordre économique, où la solidarité est naturellement plus étroite et plus sensible. Il n'y a que lui qui ait force et autorité pour constituer l'occupation et la succession légitimes, abolir progressivement le salariat et faire régner le droit de la capacité et du mérite par des lois qui rendent l'instruction et les professions libérales également accessibles à tous. On ne peut contester ici la compétence de l'Etat qui, sans créer le droit, a toujours organisé la propriété, les suc-

---

1. HUIT, *La Science de l'Esprit*, t. II, p. 399.

cessions, les testaments ; et elle impose à chaque citoyen l'étroite obligation de seconder l'œuvre réparatrice » [1].

Et c'est ainsi qu'en se combinant avec la réforme politique et en la complétant, la réforme économique permettra de réaliser enfin l'affranchissement du genre humain.

.˙.

On ne peut étudier l'œuvre intellectuelle de Bordas et de Huet sans être frappé de l'importance considérable qu'ils attachent aux préoccupations sociales. Mais ici encore, que d'ombres, malgré certains traits de lumière ! C'est qu'ils négligent de parti-pris l'enseignement traditionnel de l'Eglise ; et, sur ce point, comme sur d'autres, leurs idées ne sont reliées aux dogmes que par l'intermédiaire d'un système auquel ils forcent les dogmes de s'adapter, vaille que vaille ; et rien ne montre mieux que l'interprétation erronée qu'ils nous ont donnée de la chute originelle et de la Rédemption — interprétation qui les a amo-

1. Huet, *La Science de l'Esprit*, t. II, 4ᵉ part. ch. V. § IV, p. 399.

nés à protester inconsidérément contre la proclamation du dogme de l'Immaculée Conception — les conséquences fâcheuses et le vice d'une telle méthode.

S'étonne-t-on maintenant que des hommes si peu respectueux des doctrines catholiques n'aient pas respecté l'autorité qui en est la gardienne et l'interprète, et qu'ils aient tenté de diminuer le rôle du Pape dans l'Eglise et le rôle de l'Eglise dans l'humanité ? Ils en ont d'avance été châtiés par leurs propres contradictions. Car, comment concilier le gallicanisme qui restreint le catholicisme au domaine strictement cultuel et relègue les prêtres dans les sacristies, avec le catholicisme social qui n'est autre chose qu'une application intégrale de l'Evangile à tous les rapports sociaux ? Et pourquoi reprocher à d'autres d'incliner la constitution de l'Eglise dans un sens plus conforme à leurs opinions monarchiques, pour aboutir à préconiser, sous le nom de « réforme catholique », l'introduction de la démocratie dans l'Eglise ?

Bordas et Huet ont porté la peine de leurs erreurs.

Si Bordas a été assisté à ses derniers moments par le curé Martin de Noirlieu qui admirait. raconte-t-on, ses vifs sentiments de foi et de piété, Huet, après la mort de son ami, ne tarda point à apostasier ; après avoir défendu l'Eglise avec une témérité de doctrines que l'Eglise réprouva, il écrivit contre elle et mourut hors d'elle.

D'autre part, les faits eux-mêmes se sont chargés de donner à leurs théories un éclatant démenti.

C'est le Pape infaillible qui est devenu l'initiateur le plus hardi de quelques-unes des réformes sociales et démocratiques que Bordas a le plus ardemment préconisées. Si, du pauvre lit de l'hôpital Lariboisière où il agonisait, Bordas avait pu entrevoir cet admirable spectacle, il eût sans doute voulu arracher de ses livres les pages violentes où il protestait contre le divorce de l'Eglise et de la démocratie, du Pape et du peuple. Nous le ferons pour lui, en ne retenant de son œuvre que le meilleur : nous jetterons l'écorce et garderons le fruit.

CHAPITRE IV

LA RENCONTRE DES DEUX TENDANCES

LAMENNAIS

Que Lamennais, après avoir servi passion-
nément l'Eglise, l'ait abandonnée avec éclat
pour servir la démocratie ou, comme il aimait
à dire, les peuples : c'est le fait qui se dégage,
brutal et indéniable, d'une esquisse, même
très sommaire, de sa biographie. Mais que
faut-il en conclure ? Voilà la question.

Les derniers amis de Lamennais n'hésitaient
point à y voir une preuve de l'irréductible
opposition du catholicisme et de la démocratie. « Dans toute votre carrière, lui écrivait
Mazzini en 1840, vous n'avez eu, lors même
que vous paraissiez vous séparer le plus des
apôtres de la démocratie, qu'une seule ins-

piration, l'amour du peuple, qu'une seule chose en vue, le bien moral, intellectuel et matériel du peuple. Vous avez, pour trouver des éducateurs au peuple, frappé à toutes les portes, essayé de tous les pouvoirs. Rois, Papes, clergé chrétien vous ont déçu, anathématisé, trompé. » Tel est le point de vue révolutionnaire ; et plus d'un conservateur incorrigible n'aurait sans doute que fort peu de chose à y changer pour s'y complaire, tant il est vrai que les extrêmes se touchent !

D'autres, pourtant, s'en tiennent à des opinions moins radicales. Pour eux, Lamennais a tout simplement devancé son temps. Ils aiment à saluer en lui « le précurseur à longue échéance de ce que l'on appelle aujourd'hui le socialisme chrétien ». Ils louent sa clairvoyance. Ils déclarent même que l'Église « évolue dans le sens indiqué par Lamennais » et que, si ses chefs « deviennent les chefs du peuple dans les revendications légitimes d'une plus grande justice distributive », le succès finira par couronner leurs efforts. [1]

Soit ; mais si les théories et l'attitude sociales de Lamennais étaient, autant qu'on le dit, compatibles avec le catholicisme, comment

1. SPULLER, *Lamennais*, 1892.

le Pape et les évêques les ont-ils condamnées ?
C'est la faute de l'Eglise, déclarent les uns ;
et ils lui reprochent d'avoir, imprudemment
et prématurément, écarté des points de vue
qu'elle reprend à présent et dont elle espère
un regain de popularité. Du tout, ripostent
les autres, c'est la faute de Lamennais : pourquoi s'obstina-t-il à vouloir faire en un jour
ce qui demandait plus d'un siècle ? Et s'ex-
pliquerait-on ses impatiences si on n'y voyait
le fruit — et un châtiment — de son orgueil ?

Il se pourrait, au fond, que tout le monde
eût un peu raison si tout Lamennais tenait
en ces quelques formules. Mais, en réalité,
n'y eut-il pas, dans sa vie et dans son œuvre,
quelque chose de plus ? Et serait-on bien loin
de la vérité si on se contentait de dire qu'il
fut victime, non certes d'une opposition de
l'Eglise aux aspirations populaires, mais d'une
ou deux idées fausses auxquelles il resta obstinément fidèle, malgré l'Eglise et malgré lui-
même, idées exploitées avec une logique intraitable et des violences de passion inouïes,
et poussées enfin par lui jusqu'à leurs plus
extrêmes conséquences ?

I

« Les doctrines philosophiques, toutes négatives, ou, ce qui est la même chose, toutes destructives, ont pour principe général la souveraineté de l'homme. L'homme qui se déclare souverain se constitue, par cela seul, en révolte contre Dieu et contre tout pouvoir établi de Dieu ».

Cette observation, tirée de la Préface du second volume de l'*Essai sur l'Indifférence*, est à la base de tous les raisonnements apologétiques de Lamennais. A cette exaltation, à ces aberrations, à cette « souveraineté » du sens individuel, on sait qu'il ne trouva rien de mieux ni de plus décisif à opposer que le « sens commun ».

L'indifférence en matière de religion, expliquait-il, est absurde en elle-même, dans ses effets, dans ses principes. Tous peuvent en effet connaître la vraie religion, grâce au témoignage infaillible de la raison générale.

« Il est clair que la raison générale, la raison

du genre humain et de toutes les intelligences, n'est originairement qu'une participation de la raison de Dieu, la plus générale qu'on puisse concevoir, puisqu'elle est infinie comme la vérité ou comme Dieu même. Donc elle est infaillible ; donc la raison particulière, nécessairement imparfaite, doit se soumettre à ses décisions, sous peine de ne pouvoir rien affirmer, rien croire, c'est-à-dire sous peine de mort [1] ».

Or, ajoutait Lamennais, le christianisme catholique a été et demeure la plus grande autorité visible ; un, universel et perpétuel, il est désigné comme la vraie religion par la raison générale, par la raison infaillible du genre humain.

Mais qui n'aperçoit tout de suite les affinités de cette conception philosophique et d'une certaine conception de la démocratie ? Entre le « sens commun » de Lamennais et la « volonté générale » de Rousseau, quelles sont au juste les différences ? Le sens commun détermine la vérité ; la volonté générale fixe le droit : de part et d'autre, — Lamennais pour sa philosophie religieuse, et Rousseau pour sa politique, — le dernier mot est au peuple. Et, dès ce moment-là, le christianisme catho-

1. *Essai sur l'indifférence*, t. II, Préface (vers la fin).

lique est bien près de n'apparaître vrai à Lamennais que s'il est consenti par le peuple, c'est-à-dire, au fond, démocratique.

Entre la première et la seconde vie de Lamennais, voilà donc un lien. Ce n'est pas le seul, mais c'en est un. Et Lamennais lui-même s'en rendait bien compte. Lui reprochait-on de s'être contredit ? Mais non : il ne s'était pas contredit, à peine même avait-il changé! Il s'était continué, voilà tout.

« Dès que j'avais commencé à penser, disait-il, je m'étais demandé : Où peut être la vérité ? Ce doit être dans le consentement universel. Or, l'Église catholique, qui appartient à tous les temps et à tous les lieux, est manifestement désignée pour en être l'expression et la dépositaire; et si c'est en elle que réside la vérité, la direction des idées appartient à son chef, au pape ».

Mais, continue le correspondant qui nous a conservé cet écho des conversations de Lamennais avec un de ses amis, M. de Vitrolles, « le pape Grégoire XVI ayant condamné plusieurs de ses idées, Lamennais fut bientôt amené à se dire que le chef de l'Église catholique se trompait et que, par conséquent, ce n'était pas, comme il l'avait cru, dans l'Eglise catholique qu'il fallait voir l'expression du consentement universel. Où fallait-il donc le chercher ? Un instinct fatal lui répondit : Dans le peuple. Il accepta cette idée ; et, dès ce moment, la croyance au peuple domina sa vie avec autant de conviction et d'excès que la croyance à la foi catholique en avait dominé la première partie [1] ».

II

En même temps que les déistes, les « indifférents », l'argumentation de Lamennais atteignait directement les protestants. En effet, quoi de plus opposé au « sens commun » que le libre examen, si le libre examen n'est que le sens propre, érigé en juge suprême et uni-

1. Lettre adressée à une correspondante inconnue par le comte de B., le x avril 1854, — presque au lendemain de la mort de Lamennais, — et publiée par M. Geoffroy de Grandmaison, dans l'*Univers* du 19 septembre 1893. M. de B. ajoutait : « J'ai parlé aussi, Madame, à M. de Montalembert du changement de voie de M. de Lamennais et de l'explication qu'il en donne, le priant de me dire si elle s'accordait avec ce qu'il disait dans le temps à ces esprits distingués qu'il avait groupés autour de lui. Cette explication était exactement la même... »

que de la vérité religieuse ? Cependant, si le protestantisme émiettait, pour ainsi dire, le christianisme, le gallicanisme le particulari- sait et faisait d'une religion universelle une religion locale et nationale ; ne fût-ce qu'à ce titre, il devait encourir également les re- proches de Lamennais. Mais, de plus, il subor- donnait et assujettissait le pouvoir spirituel au pouvoir civil : deuxième raison de le com- battre.

N'y avait-il en ce cas d'assujetti que le pou- voir spirituel ? Non, car le peuple l'était aussi.

« Il ne me paraît pas exact, déclarait Lamen- nais au plus fort de ces luttes, de dire que le gal- licanisme est plus favorable que l'ultramontanisme à la liberté. Ces deux doctrines, dans leur principe, se réduisent à la question de la servitude ou de l'affranchissement de l'Eglise. Or, l'Eglise, c'est l'intelligence, le spirituel de l'homme ; et quand le spirituel de l'homme est esclave, tout l'homme est esclave... La doctrine qui enferme l'affranchis- sement de l'Eglise enferme l'affranchissement des peuples [1] ».

1. Lettre du 5 février 1883 au comte Rzewuski. — Cette lettre, et, sauf indication contraire, toutes celles qui sont citées au cours de ce chapitre, font partie de la *Cor- respondance* publiée par Forgues au lendemain de la mort de Lamennais qui avait lui-même pris soin de la recueil- lir.

Un peu plus tard, dans une sorte d'examen de conscience publié en tête d'un recueil de ses articles de *l'Avenir*, il y revenait encore :

« Indépendamment de ses inconséquences, écrivait-il, le gallicanisme nous choquait,... à raison de l'esprit de servilité qui lui est inhérent. Frappé de l'esprit opposé qui resplendit dans la grande ère où les papes défendirent si énergiquement, contre la force brutale des empereurs qui menaçait de prévaloir, les droits sacrés de l'intelligence, les droits des peuples et de l'humanité, nous crûmes que ce glorieux passé pouvait renaître, et que le christianisme, appliqué au monde social par la papauté, pouvait encore lui épargner une infinité de maux, en régularisant le mouvement politique que rien n'arrêtera, en opérant enfin la magnifique alliance du principe d'ordre et du principe progressif, de la foi et de la science, de la religion et de la liberté... [1] ».

Pour échapper à cet asservissement, que faire ? Réclamer la liberté. Pour l'Eglise seule ? Non, pour tous. Et il fallait donc la réclamer au nom des libertés communes, au nom du droit commun. Lamennais, sans hésiter, s'engage dans cette voie où il rencontre tous les libéraux d'alors, ceux-mêmes qu'il avait

1. *Mélanges* (3° série); préface (1837), p. LXIV.

combattus, au point de vue religieux, dans son *Essai sur l'Indifférence.*

Et, chose curieuse, le « sens commun » au nom duquel il les avait combattus, l'aide ici à les rejoindre. Le sens commun l'amène, en effet, au droit commun, en lui montrant dans la raison publique une garantie contre les effets dangereux ou malsains des libertés publiques. Si la raison générale est infaillible, ne fera-t-elle point aisément, dans les idées qui lui seront soumises, le départ du vrai et du faux ?

Lamennais, une fois sur ce chemin, le suivit jusqu'au bout.

« Le mouvement de la pensée, au temps où nous sommes, déclarait-il le 26 décembre 1840 au tribunal chargé de le juger, temps de recherche inquiète, d'incertitude et de doute, entraîne les esprits en des voies très diverses. De là une multiplicité confuse de doctrines souvent opposées entre elles, comme il arrive toujours aux époques de transition et de renouvellement, lorsque la société, flottant entre un passé à jamais éteint et un avenir qui n'est pas encore, il n'y existe plus, sur presque aucun point, de croyances communes. On ne doit pas selon moi, ajoutait-il, se trop effrayer de ce travail nécessaire pour la reconstruction future, et que, d'ailleurs, nulle puissance ne saurait arrêter. Ayons foi dans l'esprit humain ;

plus sûrement qu'aucun tribunal, et plus efficacement, il séparera le vrai du faux qui tombe de lui-
même, quand on ne le relève pas aux yeux des
hommes en le couvrant du manteau toujours
respecté de la persécution ».

Le premier Lamennais se retrouve donc
jusque dans le libéralisme absolu du second.
Et, au commencement comme à la fin, on
tourne, en le lisant, dans le même cercle
d'idées.

III

Mais que pensait l'Eglise et comment Lamennais se préparait-il à accepter son jugement ?
Dès 1820, les contradictions commencent.
L'abbé Carron — qui l'avait, peu d'années
auparavant, acheminé vers le sacerdoce, —
lui reproche affectueusement et paternelle-
ment « certains principes et certaines réflexions » de son ouvrage (12 octobre 1820).
Le 1er novembre, Lamennais répond :

« Si on rejette les principes que j'ai exposés,

je ne vois aucun moyen de défendre solidement
la Religion, aucune réponse décisive aux objections
des incrédules de notre temps ».

D'ailleurs, il fait examiner son livre à Rome.

« Si le jugement de Rome, ajoute-t-il, m'est favorable, je m'en réjouirai à cause de la Religion ;
s'il m'est désavantageux, j'en serai ravi pour
moi-même. Décidé, dans ce cas, à ne plus écrire,
je serai l'homme du monde le plus heureux ; car
je pourrai en conscience jouir du repos qui est,
à mon avis, le seul bien d'ici-bas ».

Voilà, pour commencer, une résolution bien
extrême : celui qui la formule sera donc aisément accablé et désorienté par la lutte, si
elle se prolonge. Elle se prolonge en effet, et
l'accablement s'accroît. Dans les lettres de
Lamennais à ses amis d'alors, on rencontre
de multiples échos de ses angoisses. Il parle
(22 octobre 1821) de « nouvelles et plus dures
contradictions » qu'il ne prévoyait pas. Il
souhaite même de mourir (5 avril 1822) :.« Je
n'ai plus de goût à rien sur la terre ; tout
mon cœur presque est déjà du côté du tombeau ». Tout lui est à charge (21 avril 1822) :
« Si vous saviez combien je suis las de cette
stérile fatigue ! Je dis stérile pour la terre,

où je n'attends que de nouvelles calomnies, de nouvelles persécutions ». Et encore, cinq jours après : « Je vous l'avoue, la terre me pèse, j'ai besoin de regarder en haut. Je suis las de ce qui se passe et qui nous déchire en passant ». Il signe ces missives désolées : « Votre pauvre fils », ou bien : « Votre pauvre ami ». — Et cela va continuer et même s'aggraver ! Un peu plus tard, quand la controverse purement philosophique du début prendra toutes les formes d'une querelle politique, la tristesse se changera en aigreur et déjà en colère :

« Je ne crois pas, écrit Lamennais, — ceci est du 28 mars 1825, — je ne crois pas qu'homme ait jamais été plus en butte aux injures et aux criailleries que je le suis depuis quelque temps, et tout cela pour avoir eu raison contre deux prélats en crédit qui, pour la plus grande gloire de Dieu et le plus grand avantage de la Religion, avaient jugé à propos de faire publiquement une demi-abjuration du christianisme. J'éprouve tous les jours une chose que j'aurais crue impossible, c'est un accroissement de mépris pour les hommes de ce temps ».

Et Lamennais continue, par tous les moyens dont il dispose, d'en appeler à Rome.

Il avertit, il supplie, il tremble, il menace.
Mais quand Rome parle enfin et se prononce
contre lui, sa vie est comme brisée. Pas entièrement. Et il ne tardera pas à se reprendre.
Derrière l'Eglise, peu à peu, d'une vue de plus
en plus nette, il a aperçu le peuple : le peuple va l'absorber tellement qu'il ne verra plus
l'Eglise, ou, du moins, ne la verra plus qu'à
travers le peuple. Il passe de l'une à l'autre
presque sans transition et, et en tout cas, sans
se changer lui-même. Il avait défendu l'Eglise
avec passion et même, au gré de plusieurs,
avec intempérance : c'est de la même façon
qu'il défendra le peuple, les peuples, l'humanité. Il avait regardé l'Eglise comme l'organe
officiel, comme l'interprète authentique de la
raison commune : c'est au peuple qu'il attri-
buera ce rôle, désormais.

« Ce que veut le peuple, Dieu lui-même le veut ;
car, ce que veut le peuple, c'est la justice, c'est
l'ordre essentiel, éternel, c'est l'accomplissement
dans l'humanité de cette sublime parole du Christ :
Qu'ils soient un, mon Père, comme vous et moi
nous sommes un ! La cause du peuple est donc la
cause sainte, la cause de Dieu ; elle triomphera
donc [1] ».

1. *De l'esclavage moderne*, conclusion (1837).

Dans ces déclarations du nouveau Lamennais, substituons seulement au mot *peuple* le mot *Eglise*, et nous comprendrons mieux à quel point, tout en changeant, il est resté le même. Au fond, a-t-il fait autre chose que de passer de l'infaillibilité du pape à l'infaillibilité du peuple ? Encore y était-il préparé par tous ses antécédents puisque c'est, dans son système, sur l'infaillibilité du peuple que reposait, en dernière analyse, l'infaillibilité du pape.

IV

Il ne sera donc plus de question du catholicisme.

« Empereurs, czars, rois absolus, rois constitutionnels, *et les autres que je ne nomme pas,* voyez comme ils s'en vont tous, et comme ils ont l'air pressés de s'en aller, tant ils sont attentifs à ne pas manquer une seule des sottises qui peuvent assurer et hâter leur départ. Oh ! la belle procession ! [1] »

Les autres, Lamennais les nommera bientôt,
sans *réticences* :

« Les vieilles Hiérarchies, et politique et ecclésiastique, s'en vont ensemble ; ce ne sont plus
que deux spectres qui s'embrassent dans un tombeau. Dieu, par des moyens qui me sont inconnus,
régénérera sans doute son Eglise : elle ne périra
point ; elle est immortelle car elle n'est que la
Société même du genre humain sous la loi de
Rédemption opérée par Jésus-Christ ; mais sous
quelle forme apparaîtra-t-elle, lorsque le feu purificateur aura consommé l'enveloppe aride qui la
voile aujourd'hui à presque tous les regards ? Je
l'ignore. On n'en savait pas plus quand la Synagogue expira, ou, pour mieux dire, lorsqu'elle subit la transformation prédite. [2] »

Le catholicisme disparaît, mais le Christ
demeure.

« Ne craignons rien, nous reverrons le Christ,
le Christ sauveur, le Christ libérateur, le Christ
qui prend pitié des pauvres, des faibles, des misérables, et qui brise le glaive de leurs oppresseurs » (15 déc. 1832).

1. Lettre à M. Coriolis, 9 octobre 1832.
2. Lettre à Mᵐᵉ de Senfft, 25 janv. 1833.

« Le christianisme ne fait encore que de naître, son action vraiment politique, vraiment sociale ne fait que commencer » (27 avril 1834).

En quoi consistera cette action, et sur quoi se base-t-elle ? Lamennais s'en explique. L'humanité, dit-il, est déchue d'un état de liberté et d'unité parfaites ; elle porte, inhérente à elle, la marque honteuse du péché. Qu'a fait le péché ? Il a introduit chez elle la discorde et l'esclavage.

« Nous oublions trop qu'ici-bas notre existence n'est qu'un combat, un effort douloureux pour remonter à l'état d'où nous sommes déchus ; et ce qui est vrai pour chacun de nous est vrai pour les peuples, pour l'humanité entière » (27 avril 1834).

Impuissants à mener à bien, par nos seules forces, cette œuvre immense, nous avons un modèle et un chef, le Christ,

« venu pour sauver ses frères et qui les sauva : car, quoi qu'en disent quelques-uns qui voudraient rejeter tous ses bienfaits au-delà de la tombe, il a les promesses de la terre comme celles du ciel ».

Mais que de luttes nécessite, de siècle en siècle, la réalisation de ces promesses !

« Le combat a duré longtemps, et il n'est pas
encore fini, et il ne finira même tout à fait que
lorsque la régénération de l'homme aura été pleinement accomplie. Mais, pour parler ainsi, à
chaque « campagne » du Christ, il accroît sa puissance et recule ses frontières : son règne advient
progressivement; il abat et réédifie, et change
et perfectionne sans cesse. Ceux qui se plaignent
des révolutions (je ne dis pas de quelques-uns de
leurs effets) se plaignent de lui, se plaignent de
ce qu'il fait son œuvre, de ce que, par des voies
souvent rudes, — parce qu'elles sont embarras-
sées de ruines, — de station en station, de rocher en rocher, il conduit le genre humain sur
le Thabor pour l'y transfigurer à son image »
(8 juin 1834).

Et voici où Lamennais, en somme, veut en
venir :

« Le mouvement qui entraîne l'humanité vers
un état social nouveau, loin d'être contraire à
la religion de Jésus-Christ, n'en est qu'un effet
nécessaire, et comme le supplément politique,
préparé pendant dix-huit siècles... L'esclavage a
été aboli, puis le servage, puis encore d'autres
inégalités; et l'affranchissement continue en vertu
d'une force interne, irrésistible, inhérente à l'humanité, et, dans les masses, plutôt instinctive
que raisonnée... [Dieu] n'a envoyé son Fils sur
la terre que pour conduire le genre humain, par
une série de perfectionnements progressifs dans

son état moral et social, au terme qu'il doit atteindre, que pour le ramener à la liberté que le péché lui fit perdre, à sa primitive unité qui se forme de nouveau ici-bas peu à peu, et qui se consommera dans le ciel » (5 juillet 1834).

Lamennais en est donc arrivé à ne plus voir que l'aspect social et politique du christianisme : il l'identifie avec l'effort continu des peuples pour s'affranchir de la tutelle des rois, — ce qui n'est pourtant pas l'essence du christianisme, — et pour améliorer leur condition intellectuelle, morale, économique, — ce qui est en effet l'un des résultats temporels de son action. Mais jusque dans ces déviations, il reste fidèle à ses idées premières. Le 20 avril 1826, il avait été traduit en police correctionnelle et accusé « d'effacer les limites du pouvoir temporel et de la puissance spirituelle » ; et il s'était vu condamner, de ce chef, à une amende de trente francs et à la saisie du livre incriminé [1]. Ce n'est plus tout à fait cela qu'on peut lui reprocher à la fin de sa carrière. Il ne se contente plus de réconcilier, de rapprocher, d'unir, en dehors des pouvoir établis, les peuples et la papauté ;

---

1. *De la Religion considérée dans ses rapports avec l'ordre civil et politique.*

il unifie, il confond l'humanité et le christianisme; et le christianisme, à ses yeux, n'est
plus que l'humanité elle-même tendant sans
cesse au mieux sous l'impulsion du Christ. Et
là, il se retrouve encore tout entier, avec son
perpétuel souci de religion et de liberté, avec
sa volonté d'appuyer l'une et l'autre sur la
raison commune, et de montrer dans cette
raison générale un écho, un reflet et presque
un aspect de la Raison divine.

BIBLIOGRAPHIE

I. — Joseph de MAISTRE
(1er avril 1753-9 février 1821).

Considérations sur la France, (1re éd., 1796; 2e édit., 1814).

Essai sur le principe générateur des constitutions politiques, (daté de mai 1809, publié en 1814).

Délais de la Justice divine, (trad. du traité de Plutarque, 1816).

Du Pape, (daté de mai 1817, publié en 1819).

L'Église anglicane, (août 1820, publié en 1821).

Œuvres posthumes :

Soirées de Saint-Pétersbourg, (1821).

Lettres à un gentilhomme russe sur l'Inquisition espagnole, (1822).

Examen de la philosophie de Bacon, (1836).

Lettres et opuscules inédits, publiés par son fils [Rodolphe, (1851).

Mémoires politiques, (1858) et *Correspondance diplomatique*, (1861), publiés par A. Blanc.

A consulter, notamment :

C. Latreille, *Joseph de Maistre et la Papauté*. (Paris, 1906.)

II. — Le Vicomte de BONALD
(2 oct. 1754-23 nov. 1840).

Théorie du Pouvoir politique et religieux dans la société civile, (3 vol. ; 1796).

Essai analytique sur les lois naturelles de l'ordre social, (1800). Ouvrage refondu bientôt dans *La législation primitive*, (1802 ; — 2e éd. : 1821, 3 vol.)

Du divorce considéré au XIXe siècle relativement à l'état domestique et à l'état public de la société, (1801).

Observations sur l'ouvrage ayant pour titre : Considérations sur les principaux événements de la Révolution française, par madame la baronne de Staël, (1818).

Recherches philosophiques sur les premiers objets des connaissances morales, (1818).

Démonstration philosophique du principe constitutif de la société, (1830).

III. — CHATEAUBRIAND (1768-1848).

Les ouvrages de Chateaubriand qui offrent le plus d'intérêt au point de vue qui nous occupe ici sont :

L'Essai historique sur les Révolutions, publié à Londres

en 1796 : livre incrédule, que Chateaubriand a désavoué plus tard, à maintes reprises, et qui est important pour connaître le point de départ de sa pensée.

Le *Génie du Christianisme*, (1802), et notamment le dernier livre, consacré aux « immenses services rendus à la société par le Clergé et par la Religion chrétienne en général ».

Etudes historiques, (1831) : très important. Chateaubriand y développe cette idée que l'Evangile fut le principe de « la plus grande révolution sociale qui se soit opérée sur la terre ».

Essai sur la littérature anglaise, (1836) et Mémoires sur le *Congrès de Vérone*, (1838) dont la conclusion est reproduite dans les *Mémoires d'Outre-Tombe*, commencés en 1811 (d'après Biré, t. Ier, introd. p. XXXIV), — qui attribue aux fameuses Considérations sur l'avenir du monde la même date qu'aux *Etudes historiques*), — et achevés en 1841.

IV. — Alexis de TOCQUEVILLE
(29 juillet 1805-16 avril 1859).

Du système pénitentiaire aux Etats-Unis et son application en France, (1832).

Etat social et politique de la France, (1834).

La Démocratie en Amérique. — Les deux premiers volumes parurent en 1835, et les deux autres en 1840.

Mémoire sur le paupérisme, (1836).

16

Histoire philosophique du règne de Louis XV, (1846).
Discours prononcé sur la tombe de Ballanche, (1847).
Le droit au travail, (1848).
L'Ancien régime et la Révolution. — Ouvrage inachevé :
     la première partie parut en 1856.

Les Œuvres complètes de Tocqueville furent publiées
en 1860-1865 par G. de Beaumont en neuf volumes in-8, et
contiennent en outre une *Correspondance* inédite.

V. — BALLANCHE (1776-1847).

*Du sentiment considéré dans ses rapports avec la littéra-
     ture et les arts*, (1801).
Fragments, (1808).
Antigone, (1814).
*Essai sur les institutions sociales dans leurs rapports
     avec les idées nouvelles*, (1818).
Le vieillard et le jeune homme, 1819).
L'Homme sans nom, (1820).
Palingénésie sociale, œuvre inachevée qui comprend :
     Orphée, précédé de *Prolégomènes*, et suivi de *Ré-
     flexions diverses*, très importantes, (1828-1830), et
     la *Vision d'Hébal*, (1831).

Les *Œuvres de M. de Ballanche*, de l'Académie de
Lyon, ont été publiées en 1833, en six volumes in-18,
à Paris, au « Bureau de l'Encyclopédie des connaissances utiles ». C'est à cette édition que se rapportent nos renvois.

On consultera avec fruit — outre la notice encore
si intéressante de J.-J. Ampère : *Ballanche* (1848), —
l'ouvrage plus récent de C. Huit, *La vie et les œuvres*

de M. Ballanche (Paris, Vitte, 1904) et les *Pensées et fragments* extraits des œuvres et des manuscrits inédits, avec une introduction par Paul Vulliaud, (Bloud, Collection *Science et Religion*).

VI. — BUCHEZ (1796-1865).

Introduction à la science de l'histoire, (1833, 1 vol.) Cet ouvrage fut réédité en deux volumes par Buchez en 1842, (Paris, Guillaumin).

Histoire parlementaire de la Révolution française, (en collaboration avec Roux-Lavergne) 40 volumes, trente-trois préfaces (1833-1838), (Paris, Paulin).

Introduction à l'étude des sciences, leçons orales recueillies et rédigées pas H. Belfield-Lefèvre (1 vol. Paris, Eveillard et Périsse, 1838).

Essai d'un traité complet de philosophie au point de vue du catholicisme et du progrès (trois volumes, Paris, Eveillard et Périsse; 1838-1840).

Histoire de la formation de la nationalité française, (2 vol. in-18, Paris, Alcan, *Bibliothèque utile*) etc.

Une œuvre posthume : *Traité de politique et de science sociale*, a été publiée en 1860, par MM. Cerise et Ott.

A consulter : Lerminier, *Revue des Deux-Mondes* du 1er août 1833 et du 15 janvier 1840; Jules Simon, *Revue des Deux-Mondes* du 15 mai 1841; Ferraz, *Hist. de la philos. en France au XIX° siècle*, t. II, Traditionalisme et ultramontanisme; Fidao, *Le Droit des Humbles*, p. 267-348 (1904).

VII. — BORDAS-DEMOULIN
(21 février 1798-24 juillet 1859).

Le Cartésianisme, (Couronné par l'Académie des sciences morales) : 2 vol. in-8, 1843.

Mélanges philosophiques et religieux; un vol. in-8, 1846.

— C'est un recueil d'articles et d'études publiés dans la *Revue Encyclopédique,* la *Gazette des écoles,* le *Dictionnaire de la conversation,* etc.

Les Pouvoirs constitutifs de l'Eglise, (1 vol. in-8, 1855).

— A l'index. — Il ne se vendit de cet ouvrage qu'une quinzaine d'exemplaires, d'après Huet, *Histoire de la vie et des ouvrages de Bordas-Demoulin,* p. 109.

Essais sur la Réforme catholique, (1 vol. in-12, 1856).

— (En collaboration avec Huet).

Œuvres posthumes, publiées par F. Huet (2 vol. in-8, 1861).

François HUET (1815-1er juillet 1869).

Discours sur la Réformation de la philosophie au XIXe siècle. (Préface au *Cartésianisme* de Bordas, 1843).

Le règne social du Christianisme, (1 vol. 1853). — A l'index : décret du 21 juillet 1853.

Histoire de la vie et des ouvrages de Bordas-Demoulin, (1 vol. in-12, 1861).

La sujétion temporelle des Papes ou solution de la question romaine, (1862).

La Science de l'Esprit, principes de philosophie pure et appliquée, (2 vol. in-8, 1864).

La Révolution philosophique et religieuse, (1 vol., 1868).

L'abbé SÉNAC

Du Christianisme considéré dans ses rapports avec la civilisation moderne; (2 vol. in-8, 1837).

A consulter :

Lerminier, dans la *Revue des Deux-Mondes*, des 15 déc. 1843, et 1er février 1846.

Ravaisson, *La Philosophie en France au XIX° siècle*.

Ferraz, *Histoire de la Philosophie en France au XIX° siècle*, 2° part. : Traditionalisme et ultramontanisme, (1880), p. 433-510.

E. de Laveleye, *Le Socialisme contemporain*, ch. XI. Etc.

VIII. — LAMENNAIS (1782-1854).

Nous ne pouvons signaler ici que les principaux ouvrages de Lamennais, ceux qui marquent, dans l'histoire de sa pensée, les dates les plus notables :

Réflexions sur l'état de l'Eglise en France pendant le XVII° siècle et sa situation actuelle, (1808).

Ouvrage saisi par le gouvernement impérial, et réimprimé en 1814 et 1819.

Essai sur l'indifférence en matière de religion.

Le premier volume parut en 1817. Le deuxième en 1820. Le troisième et le quatrième en 1823. — C'est l'époque des luttes sur le « sens commun ».

De la Religion considérée dans ses rapports avec l'ordre politique et civil, (1825-1826).

Réédité sous ce titre : *Du catholicisme dans ses rapports avec la société politique.*

Des progrès de la Révolution et de la guerre contre l'Eglise, (1829).

Ces opuscules soulèvent les colères des gallicans, qui n'y sont pas ménagés. On reproche à Lamennais de se faire « hardiment le détracteur d'un de nos plus grands rois (Louis XIV) et du plus savant de nos pontifes (Bossuet) ».

Essai d'un système de philosophie catholique, (1830-1832).

Ouvrage inédit, publié par M. Maréchal (Paris, Bloud) et qu'il faut comparer à l'*Esquisse d'une philosophie* (1841-1846), dont il est une première rédaction catholique.

Les articles de l'*Avenir,* (août 1830-oct. 1831).

Et, après sa sortie de l'Eglise :

Paroles d'un croyant, (1834).
Le livre du peuple, (1837).
De l'esclavage moderne, (1839).
Le pays et le gouvernement, (1840).
Du passé et de l'avenir du peuple, (1841).

De toutes les lettres inédites, si nombreuses, qu'on a publiées de Lamennais, les plus intéressantes et les plus importantes sont encore celles qui ont été recueillies dans les deux volumes publiés par Forgues (1858). Elles vont de 1818 à 1840.

Remarquer surtout les lettres à la comtesse de Senfft.

DOCUMENTS

---

§ I. — **Joseph de Maistre et Saint-Martin,
le « Philosophe inconnu ».**

« Qu'on ouvre les *Considérations sur la France*, on
verra, dès les premières lignes, que la Révolution
y est appréciée exactement de la même manière que
dans la Lettre de Saint-Martin [1]; et à la similitude
de la pensée vient se joindre quelquefois celle de
l'expression. « Jamais la divinité, dit l'auteur des
Considérations, ne s'était montrée d'une manière si
claire dans aucun événement humain ». Il prononce
à chaque instant, comme Saint-Martin, les noms
de *miracle* et de *magie*. Il pense que, devant la paix
et la royauté, la *magie* noire, qui opère dans ce moment, disparaîtrait comme un brouillard devant le
soleil ». Saint-Martin, comme nous l'avons fait remarquer, aperçoit dans la Révolution une expiation

---

1. Il s'agit de la *Lettre à un ami*, ou *Considérations philosophiques et religieuses sur la Révolution française* (1795).

en même temps qu'un instrument de salut. De Maistre, dans les lignes qui suivent exprime la même idée : « Toutes les vies, toutes les richesses, tous les pouvoirs étaient dans la main du pouvoir révolutionnaire ; et ce monstre de puissance, ivre de sang et de succès, phénomène épouvantable qu'on n'avait jamais vu, et que, sans doute, on ne reverra jamais, était tout à la fois un châtiment épouvantable pour les Français et le seul moyen de sauver la France ».

» On se rappelle que, selon Saint-Martin, la première et la plus grande part de ces rigueurs devait atteindre le clergé, parce que, au lieu de rester l'exemple de toutes les vertus, il avait donné le signal de la décadence. Telle est aussi l'opinion de Joseph de Maistre. « On ne saurait nier, dit-il, que le sacerdoce n'eût besoin d'être régénéré ; et, quoique je sois fort loin d'adopter les déclamations vulgaires sur le clergé, il ne me paraît pas moins incontestable que les richesses, le luxe, et la pente des esprits vers le relâchement avaient fait décliner ce grand corps; qu'il était possible souvent de trouver sous le camail un chevalier au lieu d'un apôtre; et qu'enfin, dans les temps qui précédèrent immédiatement la Révolution, le clergé était descendu, à peu près autant que l'armée, de la place qu'il avait occupée dans l'opinion générale ».

» Quand on a lu, dans la *Lettre à un ami sur la Révolution française* et dans l'*Eclair sur l'association humaine*, que l'homme depuis sa chute a perdu la faculté législative et que sa sagesse politique ne peut se donner carrière que dans les sphères inférieures du gouvernement ; qu'on ne crée pas à coups de majorités des lois capables de durée ; qu'un peuple ne change pas à volonté sa constitution ; qu'il ne se donne pas et n'exerce pas lui-même la souveraineté, on croit retrouver un écho de ces paroles dans plusieurs passages des *Considérations sur la France* : « Nulle grande institution ne résulte d'une délibération. — Jamais il n'exista de nation libre qui n'eût dans sa constitution naturelle des germes de liberté aussi anciens qu'elle, et jamais nation ne tenta efficacement de développer, par ses lois fondamentales écrites, d'autres droits que ceux qui existaient dans sa constitution naturelle ». — L'homme peut tout modifier dans la sphère de son activité, mais il ne crée rien : telle est sa loi, au physique comme au moral. L'homme peut, sans doute, planter un pépin, élever un arbre, le perfectionner par greffe, et le tailler en cent manières ; mais jamais il ne s'est figuré qu'il avait le pouvoir de faire un arbre. Comment s'est-il imaginé qu'il avait celui de faire une constitution ? » On ne peut s'empêcher de remarquer que la comparaison même dont se sert de Maistre a été employée, dans la même occasion, par Saint-Martin.

» A l'exemple de Saint-Martin, de Maistre admet dans certains cas, pour réformer les lois et fonder subitement une constitution, l'intervention d'un homme suscité par la Providence, dont les œuvres mêmes font reconnaître la mission : « Il parle, et il se fait obéir ». Seulement de Maistre a soin d'ajouter que de tels hommes sont nécessairement « rois ou éminemment nobles ».

» Enfin, les deux écrivains se rencontrent encore dans cette pensée, que Dieu règne dans l'histoire comme dans la nature, qu'il est le premier moteur, le premier instigateur de toutes les institutions, de tous les pouvoirs qui ont quelque durée, et des grandes révolutions destinées tout à la fois à les régénérer et à les châtier, quand ils s'écartent de leur but. C'est ce que l'auteur des *Soirées de Saint-Pétersbourg* appelle le « gouvernement temporel de la Providence ». Pour lui aussi les dépositaires de la puissance publique sont dirigés dans tous leurs actes par une cause surhumaine ; mais il soutient que les rois seuls, les rois héréditaires, sont les ministres de la sagesse de Dieu ; tandis que les auteurs de révolution et les magistrats populaires ne sont que les instruments de sa vengeance placés dans les mains du prince des ténèbres. Lui aussi il fait reposer la société sur les fondements de la théocratie ; mais la théocratie, telle qu'il la comprend, n'est pas cette puissance invisible, insaisissable, indéfinie dont s'est éprise l'âme tendre et rêveuse de Saint-Martin ; elle a, pendant plusieurs siècles, régné effectivement sur les nations et sur les rois ; elle a un corps aussi bien qu'un esprit ; elle a un représentant visible, qui s'appelle le Pape ».

Ad. FRANCK, *La Philosophie mystique en France à la fin du XVIIIᵉ siècle : Saint-Martin et son maître Martinez Pasqualis*, (Paris, 1866 ; ch. V, p. 130-131).

§ II. — Doctrine de l'Eglise sur les Constitutions politiques.

QUELQUES TEXTES DE LÉON XIII.

« *Ces principes et ces décrets, si l'on en veut juger sainement, ne réprouvent en soi aucune des différentes formes de gouvernement*, attendu que celles-ci n'ont rien qui répugne à la doctrine catholique, et que, si elles sont appliquées avec sagesse, elles peuvent toutes garantir la prospérité publique. Bien plus on ne réprouve pas en soi que le peuple ait sa part plus ou moins grande au gouvernement ; cela même, en certains temps et sous certaines lois, peut devenir non seulement un avantage, mais un devoir pour les citoyens ».

Encyc. *Immortale Dei*, (1ᵉʳ nov. 1885).

« Entre les gouvernements politiques, quelle que soit leur forme, et le gouvernement de la société chrétienne, il y a une différence notable. Si la république chrétienne a quelque ressemblance extérieure avec les autres sociétés politiques, elle se distingue absolument d'elles par son origine, par son principe, par son essence. — L'Eglise a donc le droit de vivre et de se conserver par des institutions et par des lois conformes à sa nature. Etant d'ailleurs non seulement une société parfaite en elle-même, mais une société supérieure à toute société humaine, elle refuse résolument de droit et par devoir à s'asservir aux partis et à se plier aux exigences muables de la politique. Par une conséquence du même principe, *gardienne de son droit et pleine de respect pour le droit d'autrui, elle estime un devoir de rester indifférente quant aux diverses formes de gouvernement et aux institutions civiles des Etats chrétiens, et, entre les divers systèmes de gouvernement, elle approuve tous ceux qui respectent la religion et la discipline chrétienne des mœurs.*

» Telle est la règle à laquelle chaque catholique doit conformer ses sentiments et ses actes. Il n'est pas douteux que, dans la sphère de la politique, il ne puisse y avoir matière à de légitimes dissentiments et que, toute réserve faite des droits de la justice et de la vérité, on ne puisse chercher à introduire dans les faits des idées que l'on estime devoir contribuer plus efficacement que les autres au bien général. Mais vouloir engager l'Eglise dans ces querelles des partis, et prétendre se servir de son appui pour triompher plus aisément de ses adversaires, c'est abuser indiscrètement de la religion. Au contraire, tous les partis doivent s'entendre pour entourer la religion du même respect et la garantir contre toute atteinte ».

Encyc. Sapientia christianæ (10 janv. 1890).

« Divers gouvernements politiques se sont succédé en France dans le cours de ce siècle, et chacun avec sa forme distinctive : Empires, Monarchies, Républiques. En se renfermant dans les abstractions, on arriverait à définir quelle est la meilleure de ces formes, considérées en elles-mêmes ; on peut affirmer également en toute vérité que chacune d'elles est bonne, pourvu qu'elle sache marcher droit à sa fin, c'est-à-dire, le bien commun, pour lequel l'autorité sociale est constituée ; il convient d'ajouter finalement qu'à un point de vue relatif, telle ou telle forme de gouvernement peut être préférable, comme s'adaptant mieux au caractère et aux mœurs de telle et telle nation. *Dans cet ordre d'idées spéculatif, les catholiques, comme tout citoyen, ont pleine liberté de préférer une forme de gouvernement à l'autre, précisément en vertu de ce qu'aucune de ces formes sociales ne s'oppose, par elle-même, aux données de la saine raison, ni aux maximes de la doctrine chrétienne.* Et c'en est assez pour justifier pleinement la sagesse de l'Eglise alors que, dans ses relations avec les pouvoirs politiques, elle fait abstraction des formes qui les différencient, pour traiter avec eux les grands intérêts religieux des peuples, sachant qu'elle a le devoir d'en prendre la tutelle, au-dessus de tout autre intérêt. Nos précédentes Encycliques ont exposé déjà ces principes ; il était toutefois nécessaire de les rappeler, pour le développement du sujet qui nous occupe aujourd'hui.

» Que si l'on descend des abstractions sur le terrain des faits, il faut nous bien garder de renier les principes tout à l'heure établis ; ils demeurent inébranlables. Seulement, en s'incarnant dans les faits, ils y revêtent un caractère de contingence, déterminé par le milieu où se produit leur application. Autrement dit, si chaque forme politique est bonne par elle-même et peut être appliquée au gouvernement des peuples, en fait, cependant, on ne rencontre pas chez tous les peuples le pouvoir politique sous une même forme ; chacun possède la sienne propre. Cette forme naît de l'ensemble des circonstances historiques ou nationales, mais toujours humaines, qui font surgir dans une nation ses lois traditionnelles et mêmes fondamentales ; et par celles-ci, se trouve déterminée telle base de transmission des pouvoirs suprêmes.

» Inutile de rappeler que tous les individus sont tenus d'accepter ces gouvernements, et de ne rien tenter pour les renverser ou pour en changer la forme ».

Lettre aux archevêques, évêques, au clergé et à tous les catholiques de France, (16 février 1892).

§ III. — « L'idée chrétienne est l'avenir du monde ».

« Vous voyez donc que je ne trouve de solution à l'avenir que dans le christianisme et dans le christianisme catholique ; la religion du Verbe est la manifestation de la vérité, comme la création est la visibilité de Dieu. Je ne prétends pas qu'une rénovation générale ait absolument lieu, car j'admets que des peuples entiers soient voués à la destruction ; j'admets aussi que la foi se dessèche en certains pays ; mais s'il en reste un seul grain, s'il tombe sur un peu de terre, ne fût-ce que dans les débris d'un vase, ce grain lèvera, et une seconde incarnation de l'esprit catholique ranimera la société.

» Le christianisme est l'appréciation la plus philosophique et la plus rationnelle de Dieu et de la création ; il renferme les trois grandes lois de l'univers, la loi divine, la loi morale, la loi politique : la loi divine, unité de Dieu en trois personnes ; la loi morale, *charité* ; la loi politique, *liberté, égalité, fraternité.*

» Les deux premiers principes sont développés ; le troisième, la loi politique, n'a point reçu ses compléments, parce qu'il ne pouvait fleurir tant que la croyance intelligente de l'Être infini et la morale universelle n'étaient pas solidement établies. Or, le christianisme eut d'abord à déblayer les absurdités et les abominations dont l'idolâtrie et l'esclavage avaient encombré le genre humain.

» Des personnes éclairées ne comprennent pas

qu'un catholique tel que moi s'entête à s'asseoir à
l'ombre de ce qu'ils appellent des ruines ; selon ces
personnes, c'est une gageure, un parti pris. Mais,
dites-le moi, par pitié, où trouverai-je une famille
et un Dieu dans la société individuelle et philosophique que vous me proposez ? Dites-le moi et je
vous suis ; sinon, ne trouvez pas mauvais que je me
couche dans la tombe du Christ, seul abri que vous
m'avez laissé en m'abandonnant.

» Non, je n'ai point fait une gageure avec moi-
même : je suis sincère ; voici ce qui m'est arrivé :
de mes projets, de mes études, de mes expériences,
il ne m'est resté qu'un détromper complet de toutes les choses que poursuit le monde. Ma conviction
religieuse, en grandissant, a dévoré mes autres convictions ; il n'est ici-bas chrétien plus croyant et
homme plus incrédule que moi. Loin d'être à son
terme, la religion du Libérateur entre à peine dans
sa troisième période, la période politique, *liberté,
égalité, fraternité*. L'Evangile, sentence d'acquittement, n'a pas été lu encore à tous ; nous en sommes
encore aux malédictions prononcées par le Christ :
« Malheur à vous qui chargez les hommes de fardeaux qu'ils ne sauraient porter, et qui ne voudriez pas les avoir touchés du bout du doigt » !

» Le christianisme, stable dans ses dogmes, est
mobile dans ses lumières ; sa transformation enveloppe la transformation universelle. Quand il aura
atteint son plus haut point, les ténèbres achèveront
de s'éclaircir ; la liberté, crucifiée sur le Calvaire
avec le Messie, en descendra avec lui ; elle remettra aux nations ce nouveau testament écrit en leur
faveur et jusqu'ici entravé dans ses clauses. Les
gouvernements passeront, le mal moral disparaî-

tra, la réhabilitation annoncera la consommation des siècles de mort et d'oppression nés de la chute.

» Quand viendra ce jour désiré ? Quand la société se recomposera-t-elle d'après les moyens secrets du principe générateur ? Nul ne peut le dire ; on ne saurait calculer les résistances des passions.

» Plus d'une fois, la mort engourdira les races, versera le silence sur les événements, comme la neige tombée pendant la nuit fait cesser les bruits des chars. Les nations ne croissent pas aussi rapidement que les individus dont elles sont composées et ne disparaissent pas aussi vite. Que de temps ne faut-il point pour arriver à une seule chose cherchée ! L'agonie du Bas-Empire pensa ne pas finir ; l'ère chrétienne, déjà si étendue, n'a pas suffi à l'abolition de la servitude. Ces calculs, je le sais, ne vont pas au tempérament français ; dans nos révolutions, nous n'avons jamais admis l'élément du temps : c'est pourquoi nous sommes toujours ébahis des résultats contraires à nos impatiences. Pleins d'un généreux courage, des jeunes gens se précipitent ; ils s'avancent, tête baissée, vers une haute région qu'ils entrevoient et qu'ils s'efforcent d'atteindre : rien de plus digne d'admiration ; mais ils useront leur vie dans ces efforts, et, arrivés au terme, de mécompte en mécompte, ils consigneront le poids des années déçues à d'autres générations abusées qui le porteront jusqu'aux tombeaux voisins ; ainsi de suite. Le temps du désert est revenu ; le christianisme recommence dans la stérilité de la Thébaïde, au milieu d'une idolâtrie redoutable, l'idolâtrie de l'homme envers soi.

» Il y a deux conséquences dans l'histoire ; l'une immédiate et qui est à l'instant connue, l'autre

éloignée et que l'on n'aperçoit pas d'abord. Ces
conséquences souvent se contredisent ; les unes
viennent de notre courte sagesse, les autres de la
sagesse perdurable. L'événement providentiel apparaît après l'événement humain. Dieu se lève derrière les hommes. Niez tant qu'il vous plaira le
suprême conseil, ne consentez pas à son action, dis-
putez sur les mots, appelez force des choses ou raison ce que le vulgaire appelle Providence, regardez
à la fin d'un fait accompli, et vous verrez qu'il a
toujours produit le contraire de ce qu'on en attendait, quand il n'a point été établi d'abord sur la
morale et la justice.

» Si le ciel n'a pas prononcé son dernier arrêt ; si
un avenir doit être, un avenir puissant et libre, cet
avenir est loin encore, loin au-delà de l'horizon visible : on n'y pourra parvenir qu'à l'aide de cette
espérance chrétienne dont les ailes croissent à mesure que tout semble la trahir, espérance plus longue que le temps et plus forte que le malheur ».

CHATEAUBRIAND, *Mémoires d'Outre-Tombe*. Conclusion.

§ IV. — Doctrine de l'Eglise sur le péché originel et la Rédemption.

Nous empruntons au *Catéchisme romain* (première partie, chapitre III) l'exposé de cette doctrine, si mal comprise par quelques-uns des écrivains dont il est question dans ce livre :

« Pour mieux apprécier les fruits merveilleux que nous recueillons de cet article [1], il faut nous rappeler la perte lamentable que firent nos premiers parents de cet état si heureux dans lequel Dieu les avait placés. Que le Pasteur s'applique donc à bien expliquer aux fidèles la cause commune de nos misères et de nos malheurs. A peine Adam eut-il désobéi à Dieu et transgressé le précepte qui lui disait : *Tu peux manger de tous les fruits du jardin, mais ne touche pas à l'arbre de la science du bien et du mal, car le jour où tu mangeras de son fruit tu mourras de mort ;* aussitôt il tomba dans cet affreux malheur qui lui fit perdre la sainteté et la justice dans laquelle il avait été créé ; et lui-même devint sujet à une foule d'autres maux que le Saint Concile de Trente a énumérés tout au long. D'autre part, il ne faut pas oublier que ce péché et son châtiment ne se sont point arrêtés en Adam, mais qu'il a été, lui, comme la source et le principe qui les a fait passer justement à toute sa postérité.

» Cependant le genre humain, étant tombé de si haut, rien ne pouvait le relever et le remettre dans

1. Il s'agit, dans ce fragment, du second article du Symbole.

son premier état, ni les forces des hommes, ni celles des Anges. A ses malheurs, à sa ruine il ne restait de remède que le Fils de Dieu Lui-même, avec sa puissance infinie. Seul, Il pouvait, en se revêtant de l'infirmité de notre chair, détruire la malice infinie du péché, et *nous réconcilier avec Dieu dans son sang* ».

§ V. — Quelques disciples ouvriers
de Ballanche.

« Si Ballanche avait peu vivement désiré les honneurs littéraires, il est un genre de succès auquel il n'était point insensible, parce qu'il y voyait la preuve d'une direction sérieuse et morale au sein des classes populaires ; c'était le succès qu'avait eu la *Palingénésie* dans un auditoire, non pas d'académiciens ou de philosophes, mais d'ouvriers.

» Il faut l'entendre raconter cet incident remarquable en lui-même et qui causa, comme on le voit sans peine, à M. Ballanche une vive et innocente joie :

« Une chose assez singulière, c'est que je commence à percer chez les ouvriers. Voici le fait. Un maître ouvrier, qui demeure près de l'Arsenal, avait pris depuis quelque temps l'habitude de réunir chez lui un certain nombre de ses ouvriers, et de faire là une sorte de cours de philosophie à leur usage. Il avait commencé par le saint-simonisme, dont il n'a pas tardé à se séparer, et il s'est mis à professer l'économie politique de Fourier ; mais il a bien vite compris qu'une économie politique fondée sur le bien-être matériel seulement était insuffisante ; il s'est mis à m'étudier, et s'est épris d'un véritable enthousiasme pour mes doctrines. Lorsqu'il sera un peu plus fort, il se propose d'initier ses néophytes. Comme il avait un très grand désir de me voir, Nodier m'a fait venir chez lui après dîner. J'ai trouvé un homme d'un très grand sens et d'une rare intelligence. »

» Voilà maintenant le récit de la visite de Ballanche à ses nouveaux disciples :

« J'ai assisté hier au soir avec mon introducteur à cette réunion ; il n'y avait que Nodier et moi qui ne fussions pas des ouvriers. Dans le nombre, il y avait quelques femmes, mais des femmes d'ouvriers. J'ai été étonné de l'intelligence de tout ce monde-là... Croiriez-vous qu'au milieu d'une discussion provoquée par Nodier et où je me suis mêlé, j'ai été entraîné à l'exposition de mon système historique fondé sur le dogme chrétien de la déchéance et de la réhabilitation, et que j'ai été parfaitement compris... Je ne sais ce qu'aurait pensé M... s'il eût assisté à cette séance, et qu'il eût senti que j'étais bien mieux compris là que je ne l'aurais été dans le sein de l'Académie française. C'est pourtant la vérité. »

J.-J. AMPÈRE, *Ballanche* (1848), p. 237-9.

§ VI. — Nécessité et moralité de la réforme économique.

« Restituer au travailleur la dignité de l'indépendance avec les avantages de la fraternité, faire de chacun un associé et un propriétaire, chasser de la cité du travail la misère avec l'oisiveté et le vol, telle est la rénovation que l'ordre économique réclame : nous avons établi les principes qui doivent l'inspirer. Elle mettra le sceau à l'affranchissement religieux, intellectuel et politique du genre humain, et il n'est permis à personne de s'y montrer indifférent. L'iniquité dans la répartition des biens de la terre se maintient par les préjugés, la négligence et l'égoïsme général ; c'est par les généreux efforts le dévouement révolutionnaire de tous qu'elle peut être réparée.

» Que chaque travailleur s'attache à conquérir pour lui-même et pour les autres une juste indépendance ; qu'il honore sa profession et y développe le sentiment corporatif, avec les institutions de concours et d'assistance mutuelle qui l'entretiennent ; mais aussi qu'il se dévoue, comme citoyen, à la réforme économique ; qu'il provoque ou appuie les lois qui la préparent, car il est évident qu'elle ne peut s'accomplir et se conserver sans l'intervention de l'État. Nous savons que l'intervention de l'État a principalement sa place dans l'ordre économique, où la solidarité est naturellement plus étroite et plus sensible. Il n'y a que lui qui ait force et autorité pour constituer l'occupation et la succession légitimes, abolir progressivement le salariat et faire régner le droit de la capacité et du mérite par des lois qui rendent l'instruction et les professions libérales également accessibles à tous. On ne peut contester ici la compétence de l'Etat, qui, sans créer le droit, a toujours organisé la propriété, les successions, les testaments, et elle impose à chaque citoyen l'étroite obligation de seconder l'œuvre réparatrice...

» Il convient d'insister sur la valeur morale de la réforme économique. L'urgence de cette réforme est reconnue par les écrivains les plus modérés dans leurs vœux d'amélioration sociale...

» Malheureusement, ceux qui se sont faits de nos jours les apôtres de la réforme économique l'ont quelquefois isolée du progrès moral et même ont paru croire qu'elle pourrait en tenir lieu. On ne saurait tomber dans une plus déplorable erreur. Jamais amélioration matérielle ne s'établira et ne se soutiendra que par un progrès correspondant de l'intelligence et de la moralité générales. Comment sans l'instruction grouper les travailleurs, et sans la vertu associer les hommes ?

» D'un autre côté, tenir en dédain ou en suspicion la réforme économique sous prétexte qu'elle ne porte que sur les intérêts matériels, c'est tomber dans un mysticisme faux et étroit, qu'on voit trop souvent servir de masque à l'égoïsme. D'abord, dans cette réforme il s'agit de justice autant que de bien-être et, pour s'appliquer aux choses matérielles, la justice n'en reste pas moins sacrée. En second lieu, le bien-être, ou du moins l'exemption de la misère forme pour les masses populaires la condition absolue de la dignité, de la liberté, de la vie intellectuelle, morale et religieuse. Les biens du ciel sont très étroitement liés aux biens de la terre; sauf de rares exceptions, l'extrême misère flétrit l'âme comme le corps; le moraliste et le législateur doivent viser à l'extirper comme l'extrême opulence.

» C'est là surtout ce qui donne du prix aux réformes économiques; elles méritent de rallier les efforts de tous les amis de l'humanité et en premier lieu, j'ose le dire, des hommes religieux, des chrétiens. Quand il s'agit de la cause des pauvres, si chère au Divin Maître, ne devraient-ils pas rougir de se laisser devancer par les déistes et les rationalistes ? Trahir la justice, c'est abjurer l'Evangile qui veut le règne de la justice sur la terre comme au ciel ».

Fr. HUET, *La Science de l'Esprit*, t. II, IVᵉ partie, sect. IV, ch. V : Morale économique, § VII (p. 412-5).

TABLE DES MATIÈRES

INTRODUCTION

Les Appels aux Catholiques.

Si les Français incrédules du XIX° siècle ont attaché quelque prix aux interventions sociales des catholiques. — Le rôle social des Papes, d'après Saint-Simon. — Une page de Louis Blanc sur les corporations au moyen âge. — « Ah! si le prêtre savait!... » déclare Ad. Blanqui, l'un des maîtres de l'économie libérale. — Une laïcisation du catholicisme : Auguste Comte. — Une ébauche de l'Encyclique *Rerum novarum*, par Victor Hugo. — Deux israélites : G. d'Eichtal et I. Pereire : « Il s'agit d'améliorer le sort des classes les plus nombreuses ». — J. Darmesteter : la « révolution nécessaire ». — « A supposer que les Pontifes romains réussissent... » — La réponse des catholiques....... 1

CHAPITRE PREMIER
Les premiers Guides : Les Intransigeants.

Double direction dans laquelle s'engagent les premiers guides français de la pensée catholique.

I. — Joseph de MAISTRE.

Les « pointes » de Joseph de Maistre. — Sa « méthode positive ». — Raisons morales et sociales de croire. — Si la Révolution française fut « satanique dans son essence ». — « Faites-nous un gouvernement ! » — Un mot sur les prédictions de J. de Maistre. — Le trône et l'autel. — De Maistre, Saint-Simon et Auguste Comte. — L' « actualité » de J. de Maistre...   39

II. — BONALD.

Un échafaudage de théorèmes. — Le malade qui demande à son médecin un « tempérament ». — Constitution monarchique des sociétés, d'après Bonald. — Le catholicisme est-il l'allié naturel de la monarchie ? — Comment Bonald conçoit la « politique pratique... » — Les méfaits de l'industrialisme en Angleterre : le « devoir d'un gouvernement ». — Les corporations jugées par Bonald....................   63

CHAPITRE II
Les Libéraux.

I. — CHATEAUBRIAND.

Un « mauvais livre » de Chateaubriand. —

La « force des choses » et la monarchie. — Les « bons sauvages » de l'Amérique. — Pas de véritable liberté sans religion. — L'apologétique de Chateaubriand. — Si la démocratie est un fait providentiel. — « Un temps viendra... » — « Si j'avais été gouverneur du jeune prince... » — Si Chateaubriand avait eu à refaire le *Génie du Christianisme*. — « Le christianisme est la pensée de l'avenir »............................... 83

II. — TOCQUEVILLE.

« Le fait le plus continu, le plus ancien et le plus permanent » de l'histoire. — En quel sens Dieu dirige les sociétés. — Nécessité d'une éducation morale et religieuse de la démocratie. — Un conflit douloureux........................... 105

CHAPITRE III
Sur les Confins de l'Orthodoxie.

I. — BALLANCHE.

« De sublimes perspectives dans le vague ». — L'*hiérophante* Ballanche. — Le respect des traditions et l'amour du progrès. — Comment Ballanche interprète les dogmes du péché originel et de la Rédemption. — L'*initiateur* de l'humanité nouvelle. — Le christianisme « antérieur » et le christianisme « réalisé ». — Ballanche gallican. — Bonaparte et la Maison de France. — Le cœur n'est pas toujours un guide sûr... 115

II. — BUCHEZ.

Un roman d'aventures. — Un révolutionnaire qui redevient chrétien. — Les étapes d'une conversion. — Comment le Saint-Simonisme aide Buchez à retrouver l'Eglise. — Le critérium moral de Buchez. — L'influence de Bonald. — La vertu sociale des Sacrements. — La « philosophie de la Rédemption ». — Théorie de Buchez sur le progrès. — Applications de cette théorie à l'histoire de l'Eglise. — Conséquences de l'individualisme révolutionnaire. — Que fera la France ? — « C'est au clergé catholique que tombe la plus rude tâche ». — « Si quelque chose dans ce travail... ».................. 137

III. — LES DISCIPLES DE BUCHEZ.

Une revue qui ne veut pas mourir. — Le jugement de Roux-Lavergne sur Buchez. — Ott, l'auteur du *Traité d'économie sociale*. — Les « tristes paradoxes » de l'*Histoire parlementaire*. — L'*Atelier*. — Le typographe Corbon et le serrurier Gilland. — Malentendus qui ont éloigné de l'Eglise certains disciples de Buchez...... 177

IV. — BORDAS-DEMOULIN,
François HUET.

Les cinq sous d'un philosophe. — Une théorie des idées. — Fausse interprétation des dogmes catholiques de la Chute et de la Rédemption. — Civilisations de la chute et civilisations de la délivrance. — Le gallicanisme et le règne

social du christianisme. — Erreurs sur la constitution de l'Eglise. — Une page de Huet sur
l'humilité chrétienne et l'esprit révolutionnaire. — Le programme social de Fr. Huet. —
Sur un lit d'hôpital.............................   191

CHAPITRE IV
La Rencontre des deux tendances.

LAMENNAIS.

Jugements contradictoires sur la vie de Lamennais. — Fut-il victime de ses propres idées ?
— Rapports entre le « sens commun » de Lamennais et la « volonté générale » de Rousseau.
— Lamennais ne s'est pas contredit, il s'est continué. — Les fondements philosophiques du libéralisme de Lamennais. — De l'infaillibilité
du Pape à l'infaillibilité du peuple. — Si le
christianisme « ne fait encore que de naître ».
— Le premier et le dernier Lamennais.......   219

BIBLIOGRAPHIE

Joseph de MAISTRE.........................   239
BONALD....................................   240
CHATEAUBRIAND.............................   240
Alexis de TOCQUEVILLE.....................   241
BALLANCHE.................................   242
BUCHEZ   243
BORDAS-DEMOULIN, François HUET.........   244
L'abbé SÉNAC..............................   245
LAMENNAIS   245

DOCUMENTS

I. — Joseph de Maistre et le « Philosophe inconnu » 247

II. — Doctrine de l'Eglise sur les constitutions politiques 251

III. — « L'idée chrétienne est l'avenir du monde » (Chateaubriand) 255

IV. — Doctrine de l'Eglise sur le péché originel et la Rédemption 259

V. — Quelques disciples ouvriers de Ballanche 261

VI. — Nécessité et bienfaits de la réforme économique. (Huet) 263

A. PICHAT. — Imprimerie Générale de Châtillon-sur-Seine.